비판적 사고와 창의적 글쓰기

이유진 | 최정윤 | 양정현 | 박이정 | 허진혁

박영사

비판적 사고와 창의적 글쓰기

초판발행 2026년 2월 28일

지은이 이유진·최정윤·양정현·박이정·허진혁
펴낸이 안종만·안상준

편 집 조영은
기획/마케팅 박부하
표지디자인 BEN STORY
제 작 고철민·김원표

펴낸곳 (주) 박영사
서울특별시 금천구 가산디지털2로 53, 210호(가산동, 한라시그마밸리)
등록 1959.3.11. 제300-1959-1호(倫)
전 화 02)733-6771
f a x 02)736-4818
e-mail pys@pybook.co.kr
homepage www.pybook.co.kr
ISBN 979-11-303-9799-3 03710

정 가 17,000원

머리말

인공지능이 한국인보다 더 한국어를 잘하게 되는 날이 그리 멀지 않은 듯하다.

그날이 오면, 우리는 직접 글을 쓰지 않아도 될까?

1990년대에 한국에서 '마마보이'라는 노래가 큰 반향을 일으켰다.

이 노래에는 아들을 위해 '모든 것'을 결정해 주는 소름 끼치는 엄마가 등장한다.

인공지능은 이 노래에 등장하는 엄마보다 더 무서운 존재다.

엄마는 항상 내 곁에 있을 수 없지만, 인공지능은 항상 내 곁에 있으니 그야말로 '모든 것'을 결정해 줄 것이다.

생각할 권리를 양도하는 것은 삶 전체를 양도하는 것과 다르지 않다.

그러므로 그날이 와도, 우리는 직접 글을 써야 한다.

글은 생각을 표현하는 수단인 동시에, 생각을 형성하는 틀이며, 생각 그 자체이기 때문이다.

이 책은 인공지능 시대의 대학 글쓰기 교육을 위해 집필되었다.

그러나 이 책에서 인공지능 사용법을 알려주는 문장을 찾을 수는 없을 것이다.

이 책은 인공지능의 등에 올라타 쉽고 빠르게 글 쓰는 방법을 가르치는 대신, 스스로 제대로 천천히 글 쓰는 방법을 가르친다.

2026년 2월

저자들을 대표하여

이유진

목차

제1부 학술적 소통을 위한 글쓰기

제 1 장 학술적 글쓰기의 기초

제 2 장 학술적 글쓰기의 방법과 활용

제2부 학술적 글쓰기의 실제

제1장 비평문 쓰기

제2장 소논문 쓰기

부록 실습용 원고지

제1부

학술적 소통을 위한 글쓰기

제1장

학술적 글쓰기의 기초

1 학술적 글의 개념과 종류

··· 학술적 글의 개념

학술적 글은 학술적 소통을 목적으로 하는 실용적 글이다. 실용적 글은 우리의 생활 속에서 일정한 기능을 담당하는 글을 가리킨다. 우리가 흔히 문학이라고 일컫는 것, 즉 문예적 글은 그 자체를 목적으로 삼는 글이다. 그에 비해 실용적 글은 실생활에서 어떤 다른 목적을 위한 수단으로 사용되는 글이다.

소설, 시, 희곡, 수필 등은 문예적 글에 속하고, 계획서, 보고서, 지원서, 추천서, 자기소개서, 안내서, 설명서, 공문, 편지, 계약서, 논문, 기사 등은 실용적 글에 속한다. 실용적 글의 종류는 셀 수 없을 만큼 많다고 해도 과언이 아니다. 계획서의 경우만 해도, 사용 목적에 따라 다시 강의계획서, 연구계획서, 출장계획서, 사업계획서, 업무추진계획서, 자금조달계획서, 투자계획서, 여행계획서 등 수많은 종류의 계획서들로 세분된다.

실용적 글 중에서 어떤 것은 문예적 글과 혼동되기도 한다. 편지가 그 대표적 예이다. 우리 선조(先祖)들에게 편지를 아름답게 꾸미는 전통이 있었기 때문에 편지를 수필로 분류하는 경우가 적지 않다. 그러나 생활 속에서 일정한 기능을 담당하는 편지를 수필과 같은 순수문학으로 간주하기는 어렵다. 편지는 소통 수단으로서, 수신자에게 무엇을 부탁하거나 문의하거나 알리려는 목적에서 작성된다. 편지를 쓸 때 문장을 아름답게 꾸미는 것은 수신자에 대한 예의를 갖추고 소통을 부드럽게 하기 위해서이지, 편지 자체의 예술적 완성도를 높이기 위해서가 아니다.

학술적 글의 기능은 학술적 소통이다. 국립국어원에서 편찬한 『표준국어대사전』에 따르면, 학술(學術)은 "학문과 기술을 아울러 이르는 말"이다. 즉, 그것은 사물의 본질을 탐구하는 순수학문과 그것을 실제에 적용하는 방법을 탐구하는 응용학문을 포괄하는 개념이다. 학술적 소통이란 그러한 학문의 과정에 참여하는 지적(知的) 활동을 의미한다. 기존 지식을 배우고 익히는 것은 물론이고, 새로운 지식을 생산하고 알리는 것도 역시 학문의 과정이다. 대학생들은 학술적 글의 독자로서만이 아니라 저자로서도 그 과정에 직접 참여하게 된다.

… 학술적 글의 종류

학술 활동은 사회와 밀접한 관계를 형성하면서 점점 더 복잡해지고 있으며, 그에 따라 학술적 글의 종류도 더 다양해지고 있다. 그중에서 대학생들이 자주 참고하거나 작성하게 될 것들을 추려 보면 다음과 같다.

- 개론서(槪論書)
- 이론서(理論書)
- 연구논문(研究論文)
- 학위논문(學位論文)
- 졸업논문(卒業論文)
- 소논문(小論文)
- 비평문(批評文)

개론서는 일정한 학문 분야의 지식을 총괄하여 개략적(概略的)으로 서술한 책으로, 학습자들을 위한 입문서의 성격을 지닌다. 개론서의 저자는 해당 분야의 전문가로서, 본인의 주장을 서술하지 않고, 해당 분야의 연구 범위, 연구 방법, 연구사, 주요 연구 성과 등을 정리하여 소개한다.

이론서는 특정 이론에 대해 체계적으로 서술한 책이다. 이론서의 저자는 해당 이론의 창시자 또는 주창자로서, 그 이론을 널리 보급하려는 목적을 가지고 책을 저술한다. 이론서를 통해 완전히 새로운 이론을 처음으로 소개하는 경우는 드물고, 대개 저자의 기존 논문이나 강연 내용을 토대로 이론서를 집필한다. 이론서는 새로운 인식 체계를 제시함으로써 학문적 전환의 계기를 마련하고 새로운 흐름을 주도할 수 있다.

연구논문은 전문학술지에 게재된 글 중에서 새로운 연구 성과를 발표한 논문을 가리킨다. 전문학술지에는 연구논문 외에도 비평문, 번역문, 연구자료 등이 게재되는데, 연구논문이 전문학술지의 영향력을 결정짓는다. 연구논문의 형식, 분량, 저술 방법 등은 학문 분야에 따라 다르다. 그러나 어떤 경우든, 연구 주제가 구체적이어야 하고, 주장이 명료해야 하며, 객관적 근거에 의해 주장이 뒷받침되어야 한다. 전문학술지들은 동료심사를 통해 연구논문의 독창성, 전문성, 진실성 등을 검증하고 학문적 기여도가 높은 논문들을 선별하여 게재함으로써 학문의 발전을 촉진한다.

학위논문은 석사학위 또는 박사학위를 취득하기 위해 대학원에 제출하는 논문이다. 학위 청구자는 전공 분야의 전문적 지식을 토대로 독자적 연구를 수행할 능력을 갖추었음을 입증해야 학위를 받을 수 있다. 따라서 학위논문은 기존 연구들과의 관련 속에서 새로운 연구 주제를 제안하고 독창적 연구 결과를 제시해야 한다. 단순히 기존 연구들을 정리하거나, 기존 연구들과 무관한 자신만의 주장을 전개하는 글은 학위논문으로 인정되지 않는다.

졸업논문은 학사학위를 취득하기 위해 대학에 제출하는 논문이다. 대학생이 전공 분야의 범위 안에서 논문의 주제를 선택하여 기존 연구 성과와 그에 대한 자신의 견해를 체계적으로 서술한다. 대학 및 학과에 따라서 졸업논문의 작성 방법과 심사 기준은 조금씩 다를 수 있다. 그러나 전공 분야의 주요 개념, 이론, 연구 방법 등을 충분히 이해했음을 입증하는 것이 졸업논문의 주된 목적이므로, 필수 참고문헌들을 성실히 검토하고 적절한 방법으로 인용하는 데 중점을 두어야 한다.

소논문은 짧은 분량의 논문을 가리키는 말이다. 글의 형식은 연구논문과 유사하지만, 연구논문 수준의 독창성과 전문성을 요하지는 않는다. 대학 정규 교과목의 과제물로 소논문을 제출하는 경우에는 '리포트'라고 칭하기도 하는데, 구체적 주제에 대한 저자의 주장과 논증을 포함한다는 점에서 단순한 보고서와 차이가 있다.

비평문은 예술작품이나 사회적·문화적 현상을 해석하고 평가하는 글이다. 모든 비평문이 다 학술적 글이라고는 할 수 없지만, 객관적 근거와 정밀한 분석을 토대로 학술적 의미가 있는 주장을 논리적으로 전개하는 경우라면 학술적 글로 분류할 수 있다.

연습문제 1

● 본인의 전공 분야 또는 앞으로 전공하고 싶은 분야에서 자주 인용되는 주요 참고 문헌들을 조사하고 개론서, 이론서, 연구논문, 석사학위논문, 박사학위논문 등으로 분류해 보자.

	저자	제목	종류
예시	장덕순, 조동일, 서대석, 조희웅	한글개정판 구비문학개설	개론서
예시	서대석	군담소설의 구조와 배경	이론서
예시	신동흔	인지기제로서의 스토리와 인간 연구로서의 설화 연구	연구논문
예시	이유진	판소리 텍스트의 서정성 연구	박사학위논문
1			
2			
3			
4			
5			
6			
7			
8			
9			
10			

2 학술적 글쓰기 윤리

··· 정직한 글쓰기

학술적 소통은 상호 신뢰를 기반으로 이루어진다. 그러한 신뢰는 학술적 소통에 참여하는 당사자들이 각자 기본적인 윤리를 준수해야만 유지될 수 있다. 그러므로 학술적 글의 저자들은 연구 결과를 위조하거나 조작하지 말고 사실 그대로 정직하게 보고해야 한다. 또한, 연구 과정에서 참고한 선행연구를 표절하지 말고 정직하게 출처를 밝히면서 인용해야 한다. 타인의 연구 성과를 자신의 이름으로 발표하거나, 실제로 기여하지 않은 연구논문에 공동 저자로 이름을 올리는 행위도 철저히 삼가야 한다.

오늘날에는 인공지능이 글쓰기 과정에 활용되면서, 인공지능의 비윤리적 사용이 새로운 문제로 대두되고 있다. 인공지능이 작성한 문서를 과제물로 제출하는 대학생들뿐만 아니라, 연구의 핵심적인 과정에 해당하는 자료 분석과 해석을 인공지능에 맡겨 버리는 연구자들까지 증가하고 있다. 이제 막 학문의 장에 진입한 대학 신입생들이 이러한 분위기에 편승한다면, 당사자와 학문 공동체 전체에 큰 피해가 돌아갈 것이다.

··· 저자의 책임

문장을 다듬는 과정에서 인공지능의 도움을 받고자 하는 경우라면, 인공지능이 생성한 내용까지 무비판적으로 수용하지 않도록 주의해야 한다. 인공지능은 검증되지 않은 자료를 바탕으로 부정확한 정보를 제공하거나, 기존 정보를 재구성하면서 왜곡하는 경향이 있다. 심지어 존재하지 않는 정보가 존재하는 것처럼 보고하며, 그와 관련이 없는 자료를 근거로 제시하기도 한다.

설사 인공지능이 생성한 내용에 표면적 오류가 없다고 해도 그것의 타당성에 대한 비판적 검토 없이 그대로 수용해서는 안 된다. 글의 내용에 대한 책임은 어디까지나 저자에게 있으므로 인공지능은 글쓰기의 보조 도구로만 제한적으로 사용하고, 글의 내용은 저자가 직접 생산해야 한다는 점을 잊지 말자.

··· 파급효과에 대한 고려

학술적 소통은 사회와 밀접한 관련을 맺고 있으며, 인간의 삶에 지대한 영향을 끼친다. 우리는 학술적 연구의 결과를 수용해서 특정 식품이나 약품의 생산, 유통, 소비를 늘리거나 줄이고, 특정 기술의 개발에 대한 정책적 장려나 제한을 결정하며, 사회제도의 개혁을 추진한다.

학술적 소통은 개인이나 집단의 이익을 증대하기도 하지만, 다른 한편으로는 개인이나 집단의 피해를 유발하기도 한다. 커피나 와인이 건강에 좋다는 연구 결과가 상품 홍보에 활용되어 기업의 매출을 늘리면서, 소비자들이 카페인 중독이나 알코올 중독에 빠질 위험을 키우는 경우가 대표적 예이다.

정보통신 기술의 발달로 인해 학술적 연구의 결과는 더 빠르고 광범위하게 확산되고 있으며, 그 영향력 또한 더욱 커지고 있다. 그러므로 학술적 소통에 참여하는 당사자들, 특히 학술적 글의 저자들은 인간과 사회에 대한 책임 의식을 지녀야 한다. 즉, 정직하게 글을 작성하는 것을 넘어서, 글의 파급효과까지 세심히 고려해야 한다.

연습문제 2

- 본인의 전공 분야 또는 앞으로 전공하고 싶은 분야의 연구자가 비윤리적인 방법으로 연구논문을 작성하여 전문학술지에 게재한 경우를 가정하고, 그것이 학계와 사회에 끼칠 부정적 영향을 예측해 보자.

3 학술적 글의 요건

학술적 글이 학술적 소통의 수단으로서 제 기능을 다하기 위해서는 학술적 소통에 참여하는 당사자들 사이에서 합의된 일정한 조건을 갖추어야 한다. 학술적 글의 종류에 따라 그 조건은 조금씩 달라질 수 있다. 그러나 종류와 관계없이 모든 학술적 글은 최소한 다음과 같은 요건들을 기본적으로 갖추어야 한다.

첫째, 학술적 글은 명료해야 한다. 즉, 애매모호하지 않아야 하며, 다양한 의미로 해석될 여지가 없어야 한다. 이 점에서 학술적 글은 문예적 글과 분명히 구별된다. 문예적 글은 다양한 해석을 향해 열려 있다. 오랜 시간이 흐른 뒤에도 계속 읽히는 문학작품들을 '고전(古典)'이라고 하는데, 이런 작품들이 계속 읽히는 것은 후대의 독자들이 개인의 관점과 동시대의 맥락에서 새롭게 해석할 여지가 있기 때문이다. 그와 달리, 학술적 글은 누가 언제 읽더라도 항상 똑같은 의미로 이해되어야 한다.

둘째, 학술적 글은 이해하기 쉬워야 한다. 아무리 전문적인 내용을 다루더라도, 독자들이 쉽게 읽고 그 뜻을 즉시 파악할 수 있어야 한다. 학술적 글은 난해할 것이라고 지레짐작하는 학생들이 많은데, 실제로는 그렇지 않다. 난해한 학술서적이나 논문도 물론 존재하지만, 그것은 오히려 예외적인 경우에 속한다. 난해한 글은 독자에게 해독의 부담을 줄 뿐만 아니라, 글의 내용에 대한 오해를 낳을 수 있다. 따라서 전문 용어 외에는 널리 통용되는 쉬운 말을 사용해서 이해하기 쉽게 글을 써야 한다.

셋째, 학술적 글은 객관적이어야 한다. 이것은 객관적 사실만을 다루어야 한다는 뜻이 아니다. 학술적 글은 객관적 사실뿐만 아니라 저자의 생각도 다룰 수 있다. 특히, 논문이나 비평문에는 저자의 생각이 반드시 포함되어야 한다. 다만, 저자의 생각을 서술할 때도 집필의 관점은 객관적이어야 한다는 것이다. '나'의 생각을 주장할 때도, '나'의 관점에서 벗어나 제삼자의 관점에서 '나'의 생각을 객관화해야 한다. 만약에 어떤 특수한 관점에서 논제를 다루고자 한다면, 그 관점을 채택하는 정당한 이유를 밝혀야 한다. 또한, 대상에 대한 분석이나 판단에 개인적 취향, 감정, 편견 등이 개입되지 않도록 유의해야 한다.

넷째, 학술적 글은 논리적이어야 한다. 이치에 맞게 생각하고 판단하면서 조리 있게 글을 써야 하며, 어떤 주장을 할 때는 반드시 그것을 뒷받침하는 근거를 제시해야 한다. 문장의 배열 순서를 정할 때나 문장과 문장을 연결할 때도 반드시 논리적 흐름을 고려해야 한다. 예를 들어, '그러므로'라는 접속 부사를 사용하고자 한다면, 앞 문장이 뒤 문장의 이유나 원인, 근거에 해당하는지를 살펴야 한다. 또, '그러나'라는 접속 부사를 사용하고자 한다면, 앞 문장과 뒤 문장이 내용상 상반되는지를 살펴야 한다.

연습문제 3

● <가>와 <나>는 모두 한국의 고전 <춘향전>에 대한 저자의 생각을 서술한 글이다. 둘 중 어느 것이 학술적 글에 해당하는지 판단하고, 그러한 판단의 근거를 설명해 보자.

<가> 춘향의 말이 모두 옳다. 지키지도 못할 약속을 함부로 해서 철석같이 믿게 한 것은 분명 이몽룡의 잘못이다. 자신이 가진 것을 하나도 포기할 수 없다면, 혼자서 열병을 앓더라도 사랑을 시작하지 말았어야 했을 것이다. 그리고 자신의 감정을 이기지 못해 사랑을 시작했다면, 부모에게 실망을 안겨 주고 가문에서 쫓겨나 일생을 촌부로 살더라도 끝까지 사랑을 지켰어야 했을 것이다.

그러나 사랑 앞에 나약한 것이 인간이며, 현실을 초월하여 살 수 없는 것이 또한 인간이다. 운명 같은 사랑을 어떻게 거부할 수 있으며, 발을 땅에 딛지 않고서 어떻게 살 수 있겠는가? 춘향도 그것을 알고 있다. '도련님이 모질고 독하다.'고 말하지만, 그로서도 어쩔 수 없는 일임을 이해한다. 춘향은 그가 방금 자기 집 문전에 이르러 슬피 우는 것을 보았다. 그 역시 이별을 아파하고 있음을, 그리고 평생을 함께하자던 맹세를 비록 지키지 못할지라도 그의 마음에 거짓이 없었음을 너무나 잘 안다. 그래서 춘향은 그를 미워하지 못한다.

이유진. 2008. 「이몽룡: 사랑하지 않을 수 없는 남자」. 『우리 고전 캐릭터의 모든 것: 우리가 몰랐던 고전 캐릭터의 참모습』 2. 서대석 편. 서울: 휴머니스트, 282-283.

<나> 신관사또가 수절은 양반가 부인에게나 해당되는 것이지 기생의 딸에게 해당되는 것이 아니라고 말하자, 춘향은 그에 맞서 수절하는 데 있어서 양반가 부인과 기생의 딸 사이에 아무 차이가 없다고 답한다. 그리고 한 걸음 더 나아가 고을 기생의 딸이 한 남편을 섬기는 것과 고을 사또가 한 임금을 섬기는 것 사이에도 차이가 없다고 말한다. 이 논쟁에서 문제가 되고 있는 것은 '열(烈)'이나 '충(忠)'이라는 유교적 덕목 자체가 아니라, 그것을 추구할 권리이다. 춘향은 그것이 양반에게만 주어진 특권이 아니고, 모든 인간에게 평등하게 주어진 권리임을 주장하고 있다. 이를 통해 춘

향이 말하고자 하는 바는, 신분에 관계없이 모든 인간이 똑같이 존귀하다는 것이다.

이러한 춘향의 깨달음은 그녀가 옥에서 이 도령과 재회하는 장면에서 다시 확인된다. 거지의 모습으로 돌아온 이 도령을 보고 춘향은 "책방에 계실 때는 그리도 곱던 얼굴 헌헌장부(軒軒丈夫)가 다 되었네."라며 반긴다. 그리고 월매가 "저렇게 잘되어 온 것을 보고 대번 미치고 환장을 허네그려."라고 비꼬아 말하자, 그에 대해 "잘되어도 제 낭군, 못되어도 저의 낭군. 고관대작(高官大爵) 나는 싫고 만종록(萬鍾祿)도 나는 싫소."라고 말한다. 춘향 자신이 존귀하듯 그녀의 남편도 존귀하며, 그 점은 그녀의 남편이 거지라 해도 달라지지 않는다는 것. 이것이 "인간에게 본래 귀천이 있는가?"라는 물음에 대한 춘향의 답이며, <춘향가>의 답이다.

이유진. 2013.「판소리에 담긴 철학적 물음들과 해답들」.『구비문학연구』(37), 14-15.

4 학술적 글의 문장 쓰기

학술적 글은 독자에게 신뢰감을 주어야 한다. 그러므로 학술적 글을 작성할 때는 기본적으로 구어체(口語體)가 아닌 문어체(文語體)를 사용해야 한다. 또한, 품위 있는 언어를 사용하고, 비속어(卑俗語)나 은어(隱語)는 사용하지 말아야 하며, 맞춤법, 띄어쓰기, 문법 등 한국어 글쓰기의 기본적인 규칙들을 준수해야 한다.

그러나 그것만으로는 충분하지 않다. 학술적 글을 쓸 때는 학술적 글의 요건을 고려하면서 신중히 한 문장 한 문장을 작성해야 한다. 다 써놓고 나서 고치면 된다는 안일한 생각을 가지고 마구잡이로 글을 써서는 안 된다. 앞에서 학술적 글은 명료하고 이해하기 쉬워야 하며, 객관적이고 논리적이어야 한다고 했다. 이러한 요건을 충족하기 위해 다음과 같은 사항들에 유의해야 한다.

첫째, 말하고자 하는 바를 분명히 표현해야 한다. 이를 위해 건조체로 글을 작성하는 것이 바람직하다. 문예적 글을 쓸 때는 비유나 수사(修辭)를 적절히 활용해 문장을 아름답게 꾸미면서 해석의 여지를 남기는 것이 좋다. 그러나 학술적 글을 쓸 때는 말하고자 하는 바를 직접적으로 드러내야 한다. 적절한 단어를 선택하는 것도 매우 중요하다. 단어를 잘못 선택하면, 말하고자 하는 바를 독자에게 정확히 전달할 수 없다. 특히, 한자어의 경우는 단어의 뜻을 모르고 잘못 사용하기 쉬우므로 항상 사전을 찾아보는 습관을 들여야 한다.

둘째, 읽기 쉽게 문장을 써야 한다. 너무 긴 문장이나 구조가 복잡한 문장은 독자 입장에서 읽기 불편하다. 따라서 문장을 짧게 끊어서 쓰고, 필요한 경우에는 접속어를 사용해 문장들을 연결하도록 한다. 논의할 대상이 여럿일 때는 논의 순서에도 유의해야 한다. 일정한 기준에 따라 순서를 정하고, 그 순서를 유지해야 독자 입장에서 읽기 쉽다. 예를 들어, 경복궁, 창덕궁, 창경궁, 덕수궁을 언급하고 나서 각각의 역사에 대해 서술하고자 한다면, 순서를 바꾸지 말고 경복궁, 창덕궁, 창경궁, 덕수궁 순서로 서술해야 한다.

셋째, 이성적이고 중립적인 태도를 취해야 한다. 글쓴이가 감정적이거나 편협한 사고에 매몰되어 있다는 인상을 주면, 독자 입장에서 글의 객관성을 신뢰하기 어렵다. 따라서 감정을 드러내는 형용사, 감탄사, 부사 등의 사용을 자제하고, 과장된 표현, 단정적인 표현, 극단적인 표현 등을 배제해야 한다. 또한, 학술적 근거 없이 특정 집단이나 개인을 옹호하기 위해 무리한 주장을 내세우지 않도록 조심해야 한다.

넷째, 일관성을 지녀야 한다. 글의 처음부터 끝까지 일정한 관점과 논지를 유지해야 한다. 문장을 작성할 때는 물론이고, 단어 하나를 선택할 때도 글 전체의 논지와 상충하거나 모순되는 점이 없는지 철저히 따져야 한다. 또한, 주요 용어를 중간에 다른 단어로 바꾸지 말고 처음부터 끝까지 일관되게 사용해야 하며, 용어의 개념에 대한 정의와 적용 범위도 일관되게 유지해야 한다.

연습문제 4

● 다음 문장들에서 틀린 부분을 모두 찾아 고쳐 써 보자.

전문가의 자문을 받아서 사업을 추진할 것이다.

발표를 시작하기 전에 여러분께 양해 말씀을 드립니다.

이 문제를 가능한 빨리 해결해야 한다.

이 자리를 빌어 부모님께 감사드린다.

그는 산책하는 와중에 교통사고를 목격했다.

그녀는 얼굴에 환한 미소를 띄우고 있었다.

빨간 코트를 입은 사람이 눈에 띈다.

나는 빈정이 상해서 그의 물음에 답하지 않았다.

대학에 입학했을 때 그는 겨우 17살이었다.

네가 밥을 먹던지 굶던지 상관하지 않겠다.

서울역에서는 귀향 인파가 가득했다.

즐거운 휴일 되세요.

연습문제 5

● **다음 글의 문장들이 학술적 글에 부적합한 이유를 설명해 보자. 그리고 학술적 글에 적합한 문장들로 다시 써 보자.**

나는 박동진의 <배비장타령>에서 풍자의 대상이 되었던 배비장의 '위선'이 판소리드라마 <배비장전>에서는 풍자의 대상이 안 된다는 입장인데, 그 이유는 색을 밝히는 본색을 들킬까 봐 더욱 군자인 것처럼 보이려고 큰소리를 치는 배비장의 위선이 주변 사람들한테 나쁜 의도에서 나온 행동으로까지는 보여지지 않고 그냥 좀 성숙하지 못한 행동으로 보여지기 때문이다. 배비장의 행동에서는 사실상 자제력이 없는 어린애가 부모 몰래 나쁜 장난을 치고 나서 거짓말을 둘러대는 것과 하나도 다를 게 없는 것 같다. 그러니까 지금까지 한 얘기를 정리해 보자면, 판소리드라마 <배비장전>에서 진짜로 문제가 되는 것은 배비장이 색을 밝힌다는 것이나 그러한 본색을 숨기고 군자처럼 보이려고 하는 위선이 아니라, 배비장의 성숙하지 못함이라는 느낌이 든다는 것이다.

문장	학술적 글에 부적합한 이유
문장 1	
문장 2	
문장 3	

5 학술적 글의 문단 쓰기

문단은 글의 가독성을 높이는 기능을 한다. 문단 구분 없이 한 면을 꽉 채운 글은 독자 입장에서 읽기 어렵고, 읽고 나서 글의 내용을 정리하기도 어렵다. 그러므로 학술적 글을 쓸 때는 적절히 문단을 구분하는 것이 매우 중요하다.

문단을 구분하는 방법은 글을 다 써 놓고 나서 문단을 나누는 것이 아니라, 문단 단위로 글을 작성하는 것이다. 한 문단은 세 문장에서 다섯 문장 사이로 구성하는 것이 바람직하다. 예외적으로, 두 문장으로 한 문단을 구성하거나 여섯 문장 이상으로 한 문단을 구성할 수도 있다. 그러나 한 문장으로 한 문단을 구성하지는 않는다.

문단을 구분하는 기준은 화제(話題)이다. 한 문단은 화제를 명시적으로 드러내는 문장인 화제문과 그것을 뒷받침하는 문장인 뒷받침문으로 구성한다. 보통 화제문 한 개와 뒷받침문 여러 개로 한 문단을 구성하는데, 화제문이 너무 길거나 복잡한 경우에는 두 개의 문장으로 나눌 수 있다. 대개 화제문을 먼저 쓰고 그 뒤에 이어서 뒷받침문을 쓰지만, 반드시 그렇게 해야 하는 것은 아니다. 화제문은 문단의 중간이나 끝에 위치할 수도 있다.

화제문은 문단의 화제를 요약하는 기능을 담당하므로 추상적이다. 반면, 뒷받침문은 화제문의 내용을 상세화하거나 보완하는 기능을 담당하므로 구체적이다. 화제의 배경을 서술하거나, 근거를 제시하거나, 예를 들거나, 부연 설명을 하는 것이 등이 이에 해당한다.

뒷받침문의 내용은 화제문의 내용과 긴밀히 연결되어야 한다. 만약에 화제문과 무관한 내용이나 화제문의 내용과 상반되는 내용을 다루고자 한다면 새로 문단을 구성해야 한다. 그러나 새로운 화제로 두 문장 이상을 작성할 수 없거나 그

럴 필요가 없는 경우라면, 한 문장만 작성하고 그 문장을 앞 문단이나 뒤 문단에 붙인다.

문단의 구성 요소	기능	특징
화제문	문단의 화제 요약	추상적
뒷받침문	상세화, 보완	구체적

예문 1

판소리가 등장인물의 내면에 대해 말하는 방식은, 서정시 또는 서정가요가 서정적 자아의 내면에 대해 말하는 방식과 흡사하다. 판소리는 때때로 이야기의 시간을 정지시키고, 등장인물로 하여금 외부로부터 시선을 돌려 자기의 내면을 응시하도록 허락한다. 그러면 등장인물은 곧 자기의 내면에서 일어나는 감정에 몰입하고 자기의 목소리로 그것에 대해 직접 말하는데, 이때 한탄, 절규, 흥얼거림, 환호와 같은, 풍부한 느낌이 묻어나는 발화의 형식을 취하여, 정교하게 조직된 시적 언어로, 미묘하고 복잡한 감정을 절실하게 표현한다.

이유진. 2014. 「문자문화의 시대에 생성된 구술 텍스트-판소리의 내향성에 관하여」. 「구비문학연구」 (38), 78.

예문 1은 판소리의 문예적 특징에 대해 논한 한 문단의 글이다. 이 문단은 다음과 같이 화제문 한 개와 뒷받침문 두 개로 구성되어 있다.

- 화제문: 판소리가 등장인물의 내면에 대해 말하는 방식은, 서정시 또는 서정가요가 서정적 자아의 내면에 대해 말하는 방식과 흡사하다.
- 뒷받침문 1: 판소리는 때때로 이야기의 시간을 정지시키고, 등장인물로 하여금 외부로부터 시선을 돌려 자기의 내면을 응시하도록 허락한다.
- 뒷받침문 2: 그러면 등장인물은 곧 자기의 내면에서 일어나는 감정에 몰입하고 자기의 목소리로 그것에 대해 직접 말하는데, 이때 한탄, 절규, 흥얼거림, 환호와 같은, 풍부한 느낌이 묻어나는 발화의 형식을 취하여, 정교하게 조직된 시적 언어로, 미묘하고 복잡한 감정을 절실하게 표현한다.

화제문은 판소리가 등장인물의 내면에 대해 말하는 방식이 서정 장르가 서정적 자아의 내면에 대해 말하는 방식과 흡사하다는 주장을 요약적으로 제시한다. 그 뒤에 이어지는 뒷받침문 1과 뒷받침문 2는 판소리가 등장인물의 내면에 대해 말하는 방식에 대해 상세히 설명함으로써 화제문의 내용을 구체화한다. 화제문은 추상적이기 때문에, 이처럼 뒷받침문에 의해 보완되어야만 그 의미를 독자가 온전히 이해할 수 있다.

연습문제 6

● 다음 글에서 주요 화제를 세 가지 추출하고, 그에 따라 문단을 구분해 보자. 그리고 각 문단의 화제문을 찾아 보자.

판소리가 흥행예술이라는 점은 매우 중요시해야 할 특징이다. 판소리는 판소리 광대만 부른다. 광대가 아닌 사람도 부를 수는 있으나 어디까지나 광대의 흉내를 내는 데 지나지 않는다. 판소리 광대가 되려면 전문적인 수련을 거쳐야 하고, 전문적인 수련을 거치지 않고서는 배울 수 없을 만큼 판소리는 음악적으로나 문학적으로나 세련되어 있다. 광대는 신분상으로 천민이며 줄타기 · 땅재주 · 노래 등의 재주를 팔아서 살아 나갈 수밖에 없다. 그러나 판소리 광대의 재주는 판소리뿐이다. 따라서 판소리 광대로서는 판소리를 얼마나 잘 지어 부르느냐에 따라 생계가 좌우되기 때문에, 기술을 연마하고 청중의 환심을 얻기 위해 끊임없이 노력해야 한다. 이와 같은 성격의 흥행예술은 구비문학의 여러 갈래들 중에서 판소리밖에 없다. 무가도 무당만 부르는 노래이나, 무당은 주술력으로써 목적하는 바 무의巫儀를 수행하는 것을 전문적으로 하는 사람일 뿐이다. 따라서 무가는 사설이 정확하고 풍부하지 않아도 되며 목청이 좋지 않아도 무방하다. 그러나 판소리는 내용이 흥미롭고 목청이 뛰어나야 하는 것이 필수적인 요건이다. 구비문학은 일반적으로 형식적으로나 내용적으로 단순한 것이 특징이다. 그러나 판소리의 흥행성은 판소리로 하여금 단순성으로 만족할 수 없게 한다. 간단한 줄거리라도 복잡하게 꾸며야 하고, 단순한 문체에 머무르지 않고 다채로운 수식을 지녀야 한다. 현실을 있는 그대로의 진실성에 따라서 표현하는 데 그치지 않고, 여러 가지 화려한 설명을 첨부해야 한다. 그러기에 판소리는 구비문학이면서도 기록문학적인 성격까지 지니고 있다. 기록문학적인 성격은 특히 판소리 청중 중에 양반 좌상객이 상당한 비중을 차지하고 있음으로 해서 그들의 기호를 만족시키기 위해서 더욱 촉진된다.

장덕순 외. 2006. 『한글개정판 구비문학개설』. 서울: 일조각, 208-209.

	문단 구분	화제문
1	( )부터 ( )까지	
2	( )부터 ( )까지	
3	( )부터 ( )까지	

참고문헌

서대석. 2008. 『군담소설의 구조와 배경』. 서울: 제이앤씨.

신동흔. 2016. 「인지기제로서의 스토리와 인간 연구로서의 설화 연구」. 『구비문학연구』 (42), 59-104.

이유진. 2008. 「이몽룡: 사랑하지 않을 수 없는 남자」. 『우리 고전 캐릭터의 모든 것: 우리가 몰랐던 고전 캐릭터의 참모습』 2. 서대석 편, 270-285. 서울: 휴머니스트.

______. 2012. 「판소리 텍스트의 서정성 연구」. 박사학위논문. 서울대학교.

______. 2013. 「판소리에 담긴 철학적 물음들과 해답들」. 『구비문학연구』 (37), 1-36.

______. 2014. 「문자문화의 시대에 생성된 구술 텍스트-판소리의 내향성에 관하여」. 『구비문학연구』 (38), 65-88.

장덕순, 조동일, 서대석, 조희웅. 2006. 『한글개정판 구비문학개설』. 서울: 일조각.

제2장

학술적 글쓰기의 방법과 활용

1 정의

··· 정의의 개념

정의는 어떤 말이나 사물의 개념을 명확하게 규정하여 다른 것과 구별되게 만드는 글쓰기 방법이다. 정의를 내린다는 것은 대상을 일정한 범위 안에서 규정하고, 가장 핵심적인 속성을 밝히는 것을 의미한다. 이러한 정의는 글쓴이와 독자가 해당 용어 또는 개념에 대해 동일한 의미를 공유하도록 하여 해석의 혼선을 줄이고, 논의의 출발점을 분명히 하는 역할을 한다. 글 전체의 이해를 좌우하는 핵심 용어는 이후 전개될 논의의 방향과 맥락에 맞게 그 의미를 분명히 규정해야 한다. 가령 '민주주의'를 정의한다고 했을 때, 민주주의를 '국민이 참여하는 제도'라고만 규정한다면 모호하다. 국민 참여를 강조하는 것만으로는 민주주의의 본질을 드러내기 어려울 뿐만 아니라, 다른 통치 체제와의 구별도 불분명하기 때문이다. 대신 '국민이 주권을 가지고 그 권력을 스스로 행사하는 제도'라고 규정해야 핵심 속성이 드러나며 의미가 분명해진다.

정의가 필요한 대상은 여러 가지가 있으며, 그중 대표적인 예로 전문 용어와 신조어를 들 수 있다. 특정 학문이나 산업 분야에서 쓰이는 전문 용어는 그 분야에 익숙하지 않은 사람에게 생소하게 느껴질 수 있고, 신조어처럼 새롭게 생겨난

말은 의미가 고정되지 않아 오해를 불러일으킬 수 있다. 그러나 반드시 어렵거나 낯선 용어가 아니더라도, 일상적으로 자주 쓰이지만 맥락에 따라 의미가 달라질 수 있는 개념이라든지, 기존 개념에 새로운 관점이 더해져 의미가 달라진 경우라면 명확한 정의가 요구된다. 글쓴이는 글의 전개 과정에서 핵심 개념의 의미를 분명히 밝혀 독자가 글의 의도와 맥락을 정확히 파악할 수 있도록 해야 한다.

··· 정의의 방법

정의는 피정의항(정의하려는 대상)과 정의항(그 대상을 규정하는 설명)으로 이루어지며, 정의항은 다시 유개념과 종차의 결합으로 구성된다. 유개념은 정의하려는 대상이 속하는 상위 범주이고, 종차는 유개념 안에서 정의하려는 대상을 다른 것과 구별해주는 고유한 특징을 의미한다.

피정의항	정의항	
문학은	사상이나 감정을 언어로 표현한	예술이다.
종개념	종차	유개념

'문학은 사상이나 감정을 언어로 표현한 예술이다'라는 정의에서 '예술'은 문학이 속하는 상위 개념(유개념)이고, '사상이나 감정을 언어로 표현한다'는 점은 문학을 다른 예술 장르와 구별해주는 특징(종차)이다. 정의는 두 요소가 함께 제시되어야 완전해진다. 유개념만 제시하면 범주가 너무 넓어져 모호해지고, 종차만 제시하면 무엇과 구별되는지 불분명해진다. 특히 종차는 해당 개념이 지닌 특징만을 드러내야 하며 다른 범주의 속성과 혼동되어서는 안 된다.

정의를 할 때는 몇 가지 사항에 유의해야 한다. 첫째, 순환정의를 피해야 한다. '친환경 제품은 친환경적으로 만든 제품이다'와 같이 정의하려는 개념을 그 개념의 동의어나 파생어를 사용하여 다시 정의하지 않는다. 순환정의는 개념을 명확하게 드러내지 못하고 정의의 목적 자체를 흐리게 한다.

둘째, 추상적이거나 감상적인 표현은 사용하지 않아야 한다. 정의가 모호한 인상이나 감정에 머물면 독자가 개념을 정확히 이해하기 어렵다. 예를 들어, '청춘은 아름답다'라는 표현은 정의라기보다 감상에 가깝다. 정의는 감상적 표현을 배제하고 독자가 개념을 정확히 구별할 수 있도록 핵심 속성을 분명히 드러내야 한다.

셋째, 독자의 수준을 고려해야 한다. 독자의 배경지식과 이해정도를 고려하여 정의를 내려야 한다. 지나치게 전문적이거나 난해한 용어를 사용하면 독자가 개념을 정확히 이해하기 어렵다. 반대로 이해를 돕기 위해 개념을 지나치게 단순화하면 독자는 개념을 피상적으로 받아들이거나 오해할 수 있다. 따라서 독자가 이미 알고 있는 정보를 바탕으로 새로운 개념을 자연스럽게 이해할 수 있도록 이해 가능한 언어로 핵심을 명확히 짚어주어야 한다.

넷째, 객관적인 표현을 사용해야 한다. 정의에는 주관적인 평가나 가치판단이 섞여서는 안 된다. '민주주의란 가장 훌륭한 정치 제도이다'라는 말은 평가적 표현일 뿐, 적절한 정의가 아니다. 정의는 주관적 판단이 아니라 객관적 사실이나 본질적 속성을 드러내는 방식으로 제시되어야 한다.

예문 1

민요는 생산을 담당했던 민중에 의해 만들어지고 전승되며 민중의 정서와 사상을 반영하는 소리이다. 민요(民謠)에서의 민(民)은 주로 하층계급에 속하는 백성 혹은 대중을 의미한다. 따라서 민(民)이라는 용어 속에는 지배와 피지배의 계급성이 내포되어 있다. 그리고 요(謠)는 '소리', 즉 자연스럽게 발생한 노래라는 뜻으로, 음악적 반주를 필요로 하지 않는다.

민요는 비전문가 집단인 불특정 다수가 부르기 때문에 민중성, 대중성을 지니는 노래이다. 그래서 민요는 전승되는 과정에서 민중들의 생활감정이나 사고의식, 세계관 등을 소박하고 솔직하게 반영한다. 그리고 민요는 입에서 입으로 전승되는 구전(口傳)문학의 하나이다. 오랜 세월 전승되는 과정에서 노랫말이나 곡조의 재창작이 일어나며, 기록되는 기회를 갖지 못하면 소멸해버린다. 또한 쉽게 기억해야 하기 때문에 소박한 노랫말과 선율을 지닌다. 민요는 때때로 고도의 상징과 압축, 각종 고사와 지역문화를 배경으로 민중의 감정과 뜻을 드러낸다.

그런가 하면 민요는 계층이나 계급, 다른 노래문학과 끊임없는 교섭을 통해 상호 영향을 주고받으며 발전한다. 민요는 상층문학의 자양분이 되기도 하고, 근대 이전 사회 지배계급의 노래인 궁중가요나 상층가요 등의 영향을 받아 새로운 형태의 노래문학을 발생시키기도 한다. 그래서 민요는 민속과 음악, 문학이 복합된 종합예술물이며 동시에 새로운 예술과 문화창조의 밑거름이 된다.

전통사회에서 민요는 속가(俗歌), 속요(俗謠), 풍요(風謠), 민가(民歌), 타령(打令), 동요(童謠) 등으로 불렸다. 혹은 자연스럽게 만들어지고 불려진다 하여 '소리'라고도 했다. 현재 민요 전승 현장에서는 옛날노래, 구식노래, 혹은 중년의 노래라고도 한다. 서양에서는 후기 계몽주의자 헤르더(1744-1803)가 민요, 즉 '민족의 소리야말로 진실한 문학'이라고 하면서 'Volkslied(민요)'라는 용어를 만들어 사용하기 시작하였다. 구미지역에서는 최근 구술예술 장르가 성행하면서 민요를 Oral Art의 한 갈래로 분류한다.

조규익 외. 2023.『한국문학개론』. 서울: 새문사, 184-185.

예문 1은 민요를 '민중이 만들고 전승하며 그들의 정서와 사상을 반영하는 노래'로 규정한 뒤, '민(民)'과 '요(謠)'의 한자의 의미를 풀이함으로써 개념의 핵심 속성을 구체화한다. 이어 구전성, 재창작성, 소박함과 같은 특성을 덧붙여 독자가 '민요'를 다른 노래 양식과 혼동하지 않도록 개념의 경계를 분명히 한다. 이처럼 정의는 논의 대상의 범위와 본질을 명확히 하여 글 전체의 논리적 토대를 마련하는 필수적인 글쓰기 방법이다.

연습문제 1

다음 단어들을 정의해 보자.

청년

대중문화

문해력

불평등

저작권

인공지능

2 분류

··· 분류의 개념

분류는 여러 대상을 일정한 기준에 따라 체계적으로 정리하는 글쓰기 방법이다. 분류에는 대상을 여러 부분으로 나누는 '구분'과 여러 대상을 공통된 특성에 따라 묶는 좁은 의미의 '분류'가 포함된다. 두 방식은 모두 일정한 기준을 적용해 대상을 질서 있게 조직화한다는 점에서 넓은 의미의 분류로 이해할 수 있다.

분류의 원리는 상위 개념과 하위 개념의 관계를 통해 명확해진다. 상위 개념은 분류하려는 대상을 포괄하는 넓은 범주이고, 하위 개념은 그 상위 개념 안에서 공통 기준에 따라 나누어진 개별 범주들이다. 예를 들어, '예술'을 상위 개념으로 설정하면, 그 하위 개념은 '미술, 음악, 무용, 연극' 등으로 나눌 수 있다.

분류가 필요한 이유는 대상의 구조와 특징을 체계적으로 파악하고 글의 논리를 명확히 세우기 위해서다. 분류는 복잡한 대상을 일정한 기준에 따라 재구성하여 독자가 정보를 질서 있게 이해하도록 돕는다. 무엇보다 분류는 비교와 분석의 토대가 된다. 예술을 여러 하위 범주로 나누어봄으로써, 각 분야가 '창작활동'이라는 공통된 속성을 공유하면서도 '표현 방식'에서는 뚜렷한 차이가 있음을 파악할 수 있으며, 동시에 각 영역이 지닌 고유한 특성을 더욱 깊이 인식할 수 있다.

··· 분류의 방법

효과적인 분류를 위해서는 일반적으로 세 단계를 거친다. 먼저, 어떤 기준으로 대상을 나눌지 기준을 설정해야 한다. 예를 들어 '한국 문학 작품'을 분류한다면 시대, 장르, 주제 등 다양한 기준을 설정할 수 있다. 기준이 불분명하면 분류 자체가 모호해지고 설득력이 약해진다. 다음으로는 설정한 기준에 따라 대상을 여러 하위 범주로 나누는 단계다. 만약 '장르'를 기준으로 한다면 소설, 시, 수필, 희곡으로 구분할 수 있다. 마지막으로, 각 범주에 해당하는 구체적인 예를 들어주면 분류 결과가 더욱 명확해진다. 예를 들어, '소설'에는 김훈의 <칼의 노래>, '시'에는 윤동주의 <서시>, '수필'에는 피천득의 <인연>, '희곡'에는 이강백의 <파수꾼>을 넣어 제시하면 독자가 분류 구조를 한눈에 파악할 수 있다.

분류의 정확성과 타당성을 높이려면 몇 가지 사항에 유의해야 한다. 첫째, 하나의 분류 체계 안에서는 일관된 기준을 적용해야 한다. 예를 들어 '환경 정책'을 대기, 수질, 토양으로 나누었다면 이는 '환경 매체'를 기준으로 한 것이고, 규제, 세금, 보조금으로 나누었다면 '정책 수단'을 기준으로 한 것이다. 그러나 환경 정책을 '대기, 수질, 세금'으로 나누면 한 번에 두 가지의 기준이 적용된 셈이므로 분류가 성립되지 않는다. 분류 기준이 일정하지 않으면 독자는 무엇을 중심으로 글을 읽어야 할지 혼란을 느끼기 때문에 한 번에 하나의 분류 기준을 일관되게 적용하여 글의 통일성을 유지해야 한다.

둘째, 설정한 범주가 전체 대상을 빠짐없이 포괄해야 한다. 일부가 배제되면 분류가 불완전해진다. '국제기구'를 경제 기구와 안보 기구로만 나눈다면, WHO 같은 보건 기구는 설명되지 않는다. 분류가 완전성을 갖추려면 경제, 안보, 문화, 보건, 환경과 같이 국제 활동 전반을 아우르는 범주를 설정해야 한다.

셋째, 각 범주는 상호 배타적으로 설정되어야 한다. 즉, 하나의 항목이 두 개 이상의 범주에 동시에 속해서는 안 된다. 이를테면, '스포츠 종목'을 구기 종목과 실내 종목으로 나누면 배구나 농구 같은 경우 두 범주에 동시에 포함되는 문제가 생긴다. 이런 경우에는 구기 종목, 육상 종목, 수상 종목, 체조 종목처럼 상호 배타적이고 독립적인 범주를 설정해야 명확하다.

예문 2

언어를 구성하는 기본적 세 가지 요소인 소리, 구조, 그리고 의미 중에서 소리에 해당하는 연구를 하는 분야는 음성학(phonetics)과 음운론(phonology)으로 구분할 수 있다. 음성학은 어느 한 특정한 음성이 화자(speaker)의 발성기관(speech organs)의 일부인 성도(vocal tract)의 어느 부분에서 어떤 형태로 만들어지는가를 묘사하는 데 그 학문적 초점을 둔다. 그리고 음운론은 이렇게 만들어진 음성이 그 음성의 주변에 있는 다른 음성들과 어우러져 궁극적으로 어떤 소리로 변하며, 또한 이렇게 만들어진 소리가 나름대로 독특한 의미를 나타내기 위하여 어떻게 체계적으로 사용되는가를 파악하는 데 그 연구의 중점을 둔다.

참고로 음성학은 그 학문적 관심을 어디에 두느냐에 따라 다시 조음 음성학(articulatory phonetics), 음향 음성학(acoustic phonetics), 그리고 청각 음성학(auditory phonetics)의 세 분야로 나뉜다. 방금 언급한 바와 같이, 조음 음성학은 화자의 발성기관의 일부인 성도의 어느 부분에서 어떤 형태로 음성이 만들어지는가를 밝히는 학문이다. 그리고 바로 이러한 특성으로 해서 조음 음성학은 또한 생리 음성학(physiological phonetics)으로도 일컬어지며, 일반적으로 음성학이라고 하면 흔히 여기서 언급한 조음 음성학 혹은 생리 음성학을 말한다. 음향 음성학은 화자의 음성이 공기를 통과할 때 발생되는 음파(sound waves)를 물리학적 장치를 이용하여 연구하는 학문이다. 마지막으로, 청각 음성학은 화자의 음성이 청자 (hearer)의 청각기관(auditory organs)에 도달하여 청취되고 우리의 두뇌에서 인지되는 과정을 다루는 학문이다.

언어의 구조를 연구하는 분야로는 형태론(morphology)과 구문론 (syntax)이 있다. 간단히 말해서, 어형론이라고도 불리는 형태론은 낱말의 어형변화(inflections)를 연구하는 학문이다. 그리고 통사론이라고도 불리는 구문론은 문장의 구조나 기능을 연구하는 학문이다. 의미론(semantics)은 언어를 구성하는 기본적 세 가지 요소인 소리, 구조, 그리고 의미 중 의미에 해당하는 분야를 연구하는 학문이다. 이와 더불어, 마지막으로, 화용론(pragmatics)은 언어의 실제적 사용에 관여하는 화자(speaker)와 청자(hearer), 시간(time), 그리고 장소(space) 등을 포함하는 발화 맥락과 발화 시 언어의 의미 사이의 상관관계를 연구하는 학문이다.

정한석, 최주열. 2021.『언어학 개론』. 서울: 한국문화사, 1-3.

예문 2는 언어를 구성하는 세 가지 기본 요소인 소리, 구조, 의미를 기준으로 언어학의 하위 분야를 설명하고 있다. 소리에 관한 연구는 음성학과 음운론으로 나뉘며, 음성학은 연구의 초점을 어디에 두느냐에 따라 조음 음성학, 음향 음성학, 청각 음성학으로 다시 세분된다. 이어서 형태론과 구문론을 언어 구조 연구의 분야로, 의미론과 화용론을 의미 연구의 분야로 제시함으로써 언어학 각 하위 분야의 연구 대상과 범위를 간결하게 정리한다. 이러한 분류를 통해 언어학의 방대한 연구 영역을 체계적으로 조망하고 각 하위 분야의 성격을 명확하게 이해할 수 있다.

연습문제 2

● 다음에 제시된 각 대상의 특성을 고려하여 적절한 기준을 세우고, 그 기준에 따라 분류표를 작성해 보자.

	대상	분류 기준	분류 결과
예시	수강 중인 과목	과목 성격	① 전공 과목(국어학개론, 고전시가 강독) ② 교양 과목(비판적 사고와 창의적 글쓰기, 동아시아 문화의 이해) ③ 비교과 프로그램(취업 역량 강화 특강, 융합글쓰기 특강)
1	내 책상 위 물건들		
2	일주일간의 지출 내역		
3	유튜브 구독 채널		

3 비교

… 비교의 개념

비교는 둘 이상의 대상을 나란히 놓고 공통점과 차이점을 분석하여 각 대상의 특성을 구체적으로 이해하는 글쓰기 방법이다. 이때, 공통점을 중심으로 유사성을 드러내는 방식을 '비교', 차이점을 중심으로 대상의 서로 다른 특성을 부각시키는 방식을 '대조'라 한다. 그러나 글쓰기에서는 두 방식을 넓은 의미의 '비교'라는 틀 안에 함께 다루는 것이 자연스럽다. 공통점을 밝히는 과정은 자연스럽게 차이를 드러내고, 차이를 분석하는 과정 또한 두 대상의 공통 기반을 전제로 할 때 비로소 선명해지기 때문이다.

비교는 여러 방면에서 유용하게 쓰이는 글쓰기 방법이다. 특히 어떤 개념의 의미를 분명히 하거나 낯선 개념을 설명하고자 할 때 효과적이다. 설명하려는 개념을 비슷한 대상 또는 대비되는 대상과 비교해 살펴보면 그 특징이 훨씬 선명하게 드러난다. 예를 들어, '자유'라는 개념을 설명할 때 '방종'과 비교하면 자유가 책임을 전제로 한 자율적 행위라는 점이 더욱 분명해진다. 또한, 비교는 각 대상의 장단점을 분석하여 판단의 근거를 세우는 데에도 활용된다. 예를 들어, 여러 정책안 중 하나를 선택해야 할 때, 서로를 비교해 보면 어느 안이 효과적인지 쉽게 판단할 수 있다. 이처럼 비교를 통해 대상을 보다 깊이 파악하고, 새로운 통찰을 얻거나 사고의 설득력을 높일 수 있다.

… 비교의 방법

서로 다른 대상을 비교할 때는 비교의 기준을 분명히 정해야 한다. 예를 들어, 온라인 수업과 대면 수업을 비교할 때, 접근성, 참여도, 학습 효과와 같은 기준을 세워 비교하면 교육 방식의 장단점이 명확히 드러난다. 비교의 기준을 정한 다음에는 그 대상을 구체적으로 어떻게 배열하고 설명할 것인가 하는 비교 방법의 문제가 뒤따른다.

비교의 방법은 크게 대상별 비교와 기준별 비교로 나눌 수 있다. 대상별 비교는 한 대상을 설정된 모든 기준에 따라 충분히 설명한 뒤, 다음 대상에도 동일한 기준을 순차적으로 적용해 설명하는 것이다. 즉, 대상별로 전체적인 특징을 살피는 데 초점을 둔다. 예를 들어, 가격과 무게를 기준으로 A사의 노트북을 먼저 설명한 뒤, 같은 기준을 적용해 B사의 노트북을 설명하는 순서로 전개된다. 이 방법은 비교 기준이 적거나 비교 대상의 수가 많지 않을 때 효과적이며, 각 대상의 특성을 총체적으로 파악할 수 있다는 장점이 있다.

반면에 기준별 비교는 설정된 기준을 하나씩 각 대상에 동일하게 적용하여 대상을 번갈아 가며 설명하는 것이다. 예를 들어, 먼저 가격을 기준으로 A사와 B사의 노트북을 비교한 다음, 무게를 기준으로 다시 두 제품을 나란히 비교하는 식이다. 이 방법은 비교 기준이 많거나 비교 대상이 여러 개일 때 효과적이며, 동일 항목을 병렬적으로 제시하기 때문에 여러 대상 간의 공통점과 차이점을 항목별로 한눈에 파악할 수 있다는 장점이 있다.

비교할 때는 다음의 사항에 유의해야 한다. 첫째, 비교 대상은 서로 비교할 만한 공통 기반이 있는 것이어야 한다. 서로 관련성이 없는 대상을 비교하면 타당한 결론을 끌어내기 어렵다. 예를 들어, '한옥'과 '대학교'는 속성이나 기능에서 공유 지점을 찾기 어렵기 때문에 적절한 비교 대상이 아니다. 비교는 공통된 성질이나 속성을 지닌 대상들 사이에서 이루어질 때 의미가 있다.

둘째, 공정한 비교 기준을 마련해야 한다. 한쪽에만 유리하거나 불리한 기준을 설정하면 비교 자체가 왜곡될 수 있다. 기준은 객관적이고 합리적이어야 하며 무엇보다도 대상의 본질적 특징을 드러낼 수 있어야 한다.

셋째, 일관된 비교 기준을 적용해야 한다. 논리적 일관성을 유지하기 위해 한 번 설정한 기준은 모든 대상에 동일하게 적용해야 한다. 예를 들어, 대상 A를 '가격'과 '성능'이라는 기준으로 평가했다면, 대상 B도 같은 기준으로 평가해야 한다.

넷째, 균형 있는 비교가 이루어져야 한다. 비교 대상 중 하나를 과도하게 강조하고 다른 하나를 소홀히 하면 글의 설득력이 떨어진다. 한쪽에만 치우치지 않고 공통된 기준에 따라 비교 대상 모두를 고르게 다루어야 대상을 균형 있게 이해할 수 있다.

예문 3

종교개혁과 반反종교개혁은 둘 다 문명의 발전이 더딘 나라들이 지적으로 발전한 이탈리아의 지배에 맞서 일으킨 반란이었다. 종교개혁은 정치적 반항이자 신학적 반항이기도 했다. 말하자면 교황의 권위를 거부했고, 교황이 천국으로 통하는 열쇠의 힘으로 요구하던 조공을 더는 바치지 않았다. 반종교개혁은 이탈리아 르네상스 운동의 지적이고 도덕적인 자유에 맞선 반항일 따름이다. 그래서 교황의 힘이 약해지지 않고 오히려 강해지는 한편, 교황의 권위가 보르자 가문이나 메디치 가문의 안이하고 태평스러운 방종과 어울리지 않는다는 점도 명백해졌다. 대략 종교개혁은 독일을 중심으로 일어났고, 반종교개혁은 스페인을 중심으로 일어났다. 동시에 종교 전쟁은 대부분 스페인과 적대국들 사이에서 스페인의 국력이 최고조에 이른 시기에 벌어졌다.

버트런드 러셀. 2009.『러셀 서양철학사』. 서상복 역. 서울: 을유문화사, 677.

예문 3은 '종교개혁'과 '반종교개혁'이라는 두 역사적 사건을 비교하여 설명하고 있다. 두 사건 모두 지적으로 발전한 이탈리아의 지배에 맞선 반란이었다는 공통점을 강조한 뒤, 교황권에 대한 입장과 발생 중심지를 기준으로 차이를 제시한다. 이처럼 서로 밀접하게 연관된 대상을 나란히 놓고 살펴보면 개별적으로 접근할 때보다 그 성격과 차이를 더욱 분명하게 파악할 수 있다.

연습문제 3

다음 글은 '대상별 비교' 방법을 통해 AI 번역과 인간 번역의 차이점을 설명하고 있다. 이 글의 비교 기준을 파악한 뒤, '기준별 비교' 방법으로 다시 작성해 보자.

최근 인공지능 기술이 빠르게 발전하면서 번역 방식에도 큰 변화가 나타났다. 방대한 데이터를 기반으로 작동하는 AI 번역의 효용성은 빠르게 증대되고 있으며, 처리 속도와 효율성 측면에서 인간 번역을 압도한다. 대규모 텍스트를 즉각적으로 변환하는 AI 번역은 실시간 통역과 대용량 문서 처리에서 이미 대체 불가한 역할을 수행하고 있다. 또한, 인건비가 거의 들지 않는다는 점에서 비용 효율성이 매우 높아, 대규모 작업을 저렴한 비용으로 신속하게 처리할 수 있다는 명확한 장점이 있다. 그러나 AI 번역은 정확도와 맥락 이해 측면에서 한계를 보인다. 정형화된 기술 문서나 직역 중심의 텍스트에는 높은 정확도를 보이지만, 문화적 뉘앙스나 관용 표현처럼 맥락적 해석이 필요한 부분에서는 오류가 발생하기 쉽다.

이에 반해 인간 번역은 숙련된 번역가에 의해 수행되며 질적인 완성도가 가장 중시된다. 인간 번역은 처리 속도와 효율성 측면에서 AI에 비해 현저히 느리며, 대량 작업에는 많은 시간과 인적 비용이 수반되므로 비용 효율성은 상대적으로 낮다. 그러나 맥락을 정확히 짚어내고 의미를 세밀하게 해석해 내는 능력만큼은 AI가 쉽게 대체하기 어렵다. 인간 번역은 언어권의 문화적 배경과 미묘한 뉘앙스, 숨겨진 의도까지 정확하게 파악하여 번역에 충실히 반영한다. 특히 문학, 법률, 학술 논문 등 정교한 표현이 요구되는 분야에서는 여전히 인간 번역이 독보적인 신뢰를 얻고 있다. 결과물의 질이 핵심적인 영역에서는 인간 번역이 유일한 선택지가 된다.

결론적으로, AI 번역은 효율성과 접근성을 높여 주고, 인간 번역은 의미의 깊이와 문화적 정확성을 보장한다. 미래의 번역 환경에서는 두 방식의 장점을 결합해 더욱 정교하고 효율적인 하이브리드 번역 체계를 구축하는 방향으로 발전할 가능성이 크다.

4 분석

··· 분석의 개념

분석은 복잡한 대상이나 현상을 구성 요소, 원리, 속성 등으로 나누어 깊이 있게 이해하는 글쓰기 방법이다. 겉으로 보기에 하나의 형태를 이루고 있는 대상도 실제로는 다양한 요소가 서로 관련을 맺으며 의미를 형성한다. 분석은 이러한 부분들을 세밀하게 살펴봄으로써 대상의 본질과 구조를 명확히 파악하는 것이다. 예를 들어, 한 편의 영화를 분석한다는 것은 단순히 줄거리를 요약하는 차원을 넘어, 영화를 이루는 주제 의식, 등장인물의 심리, 연출 기법, 음악, 영상미 등 다양한 요소를 세분화하여 살펴보는 일을 의미한다.

분석은 건물의 구조처럼 눈에 보이는 대상의 구성 원리를 설명하는 것에서부터 복잡하게 얽힌 다양한 사회 문제의 이면을 통찰하고, 문학이나 예술 작품의 심미적 가치와 서사적 깊이를 탐구하는 데까지 폭넓게 활용된다.

대상을 전체의 모습만으로 이해하면 막연한 인상에 머물기 쉽고 그 이면의 구조와 의미에 접근하기 어렵다. 분석은 단순한 요약이나 묘사로는 포착할 수 없는 의미의 층위를 드러내며, 대상을 부분과 전체의 관계 속에서 논리적으로 바라보도록 해 비판적 사고를 기르는 데에도 중요한 역할을 한다.

··· 분석의 방법

대상을 효과적으로 분석하는 주요 방법에는 물리적 분석, 개념적 분석, 인과적 분석이 있으며, 대상을 어떤 기준으로 나누어 살피느냐에 따라 분석의 방법이 달라진다. 먼저, 물리적 분석은 대상의 외형이나 구조를 구체적인 부분으로 나누어 살펴보는 것을 말한다. 이 방법은 눈에 보이는 실체를 이루는 요소들에 초점을 맞추어 각 요소의 구조와 기능을 이해하는 것을 목표로 한다. 예를 들어, 자동차를 분석할 때, 차체, 엔진, 바퀴, 조향 장치, 내부 인테리어 등으로 세분화하여 각각의 구조와 역할을 명확히 파악하는 것이다.

개념적 분석은 추상적인 개념이나 사상을 논리적으로 세분화하여 그 속성과 구성 요소, 내재된 의미를 밝히는 것이다. 눈에 보이지 않는 대상을 다루며 개념이 갖는 의미적 층위나 범주를 파악하는 데 초점을 둔다. 예를 들어, '자유'라는 개념을 분석할 때, 정치적 자유, 경제적 자유, 시민적 자유 등으로 나누어봄으로써 '자유'가 지닌 의미의 범위와 내용을 구체적으로 드러낼 수 있다.

마지막으로 인과적 분석은 특정 현상이나 문제가 발생한 원인과 그로 인해 파생된 결과를 파악하는 것이다. 예를 들어, 청년 실업 문제를 분석한다면, 교육 제도, 급변하는 산업 구조, 정부 정책 등 다양한 원인을 탐색하고 그 결과로 나타나는 사회적 파급 효과를 살펴보게 된다.

분석을 효과적으로 수행하기 위해서는 유의해야 할 사항들이 있다. 첫째, 분석의 목적을 명확히 설정해야 한다. 분석은 대상의 무엇을 밝히고자 하는지에 대한 분명한 목적에서 출발하며, 이 목적이 분석의 기준과 방향을 결정한다. 목적 없이 대상을 무작정 세분화하게 되면 분석 결과가 단편적인 사실을 나열하는 것에 그칠 위험이 있다.

둘째, 객관적 근거를 제시해야 한다. 분석의 타당성과 설득력을 높이려면 주관적인 해석에만 머물러서는 곤란하다. 연구 결과, 통계자료, 전문가의 견해, 실험 데이터, 공신력 있는 문헌 자료 등 객관적 자료를 제시하여 분석의 신뢰도를 확보해야 한다. 신뢰할 만한 근거가 풍부할수록 분석의 타당성은 훨씬 높아진다.

셋째, 전체 맥락을 간과하지 말아야 한다. 분석은 대상을 부분적으로 탐구하는 것이지만, 지나치게 부분에만 매몰되어서는 안 된다. 분석은 대상을 세분화하는 것과 동시에 각 부분이 전체 구조에서 어떤 관계와 의미를 가지는지 파악하는 것이 매우 중요하다.

예문 4

대뇌피질은 대뇌를 둘러싸고 있는 부분을 말하며 사고, 판단 등 고도의 정신활동이 이루어지는 곳으로 전두엽(frontal lobe), 두정엽(parietal lobe), 후두엽(occipital lobe), 측두엽(temporal lobe)으로 나뉜다.

전두엽은 연합 영역 중 가장 큰 부분으로 근육의 운동을 통제하는 일차 운동피질이 있어 섬세한 운동을 통제하며 개인의 성격, 사회적 활동, 취향 등을 관장하고 감정표현을 조절하는 곳으로 알려져 있다. 따라서 이 부분이 손상될 경우 감정 조절이 어렵고 심각한 성격 변화를 초래할 수 있다. 뇌세포가 전두엽부터 서서히 죽어가는 퇴행성 뇌질환에 걸릴 경우 병이 진행될수록 개인의 성격, 창의력 등에 변화를 가져와 이전과 다른 사람으로 변해가는가 하면 간혹 이전에 전혀 몰랐던 특별한 능력을 발휘(예: 그림이나 저술에 탁월한 능력을 보임)하게도 한다. 그러나 이러한 능력은 병이 심해지면 서서히 없어진다. 전두엽이 손상되면 복잡한 행동을 체계적으로 배열해서 하는 능력, 여러 가지 일들에 주의를 기울이는 능력, 맥락을 파악하고 복잡한 상황에 알맞은 것을 가려내는 능력, 주의를 분산시키는 것들이나 간섭하는 것에 대항하는 능력 등이 현저하게 저하된다.

두정엽은 촉각과 신체 위치에 대한 감각에 관련하는 체감각피질이 있어 신체 대부분의 촉각, 신체 부위들의 위치 움직임과 같은 신체지각을 담당한다. 만일 두정엽이 손상되면 손상된 쪽의 반대쪽 신체를 지각하지 못하게 된다(예: 좌반구 두정엽 손상 -> 신체 오른쪽 지각하지 못함). 또한 두정엽은 수학이나 물리학에서 필요한 입체, 공간적 사고와 인식 기능, 계산 및 연상 기능을 수행한다. 두정엽의 발달을 위해서는 어릴 때부터 퍼즐 게임, 도형 맞추기, 관련 숫자 및 언어 맞추기 등과 같은 활동을 하는 것이 좋다. 단순 계산식의 수학 공부보다는 연상과 추론이 동원되는 수학 교육이 좋다. 이는 단순 계산 시에는 뇌의 일부분만이 동원되지만 여러 가지 원리를 이용하는 연상이나 추론, 실험, 관찰은 뇌의 많은 부분이 동원되기 때문이다.

후두엽은 시각중추가 있는 곳으로 눈을 통해 입력되는 시각정보를 받아 분석하는 일차 시각피질과 시각정보에 대해 추가적인 분석을 하는 시각 연합피질로 구성되어 있다. 시각정보가 시각피질에 도착하면 사물의 위치, 모양, 운동 상태 등을 분석하게 된다. 만일 이 부분에 손상을 입게 되면 눈에 이상이 없고 눈에서 뇌로 들어오는 신경에 이상이 없어도 시력을 잃게 된다.

측두엽은 일차 청각피질이 있어 언어 기능, 청각 기능을 담당하게 되는데 읽기, 말하기, 쓰기, 듣기 등이 이루어진다. 또한 시각, 감각 등 감수성, 창의력과 관련 있는 곳으로도 알려져 있다. 측두엽 간질은 종종 뛰어난 창의력, 강한 영적 체험을 불러일으키기도 한다.

정미경 외. 2009. 『심리학개론』. 파주: 양서원, 183-185.

예문 4는 '대뇌피질'이라는 하나의 대상을 전두엽, 두정엽, 후두엽, 측두엽의 네 부분으로 구분하여 각 영역의 기능적 특성을 설명한다. 이러한 서술 방식은 대상의 외형적 구조와 구성 요소를 기준으로 세분화한다는 점에서 물리적 분석에 해당한다. 이처럼 복잡한 실체를 부분별로 나누어 살펴보면, 전체를 이해하는 데 필요한 각 구성 요소의 역할과 구조적 특징이 명료하게 드러난다.

연습문제 4

- 원인과 사회적 파급 효과를 중심으로 '가짜 뉴스 확산'을 인과적으로 분석하는 한 문단의 글을 작성해 보자.

5 학술적 글쓰기 방법의 활용

정의, 분류, 비교, 분석과 같은 글쓰기 방법은 다양한 목적으로 활용될 수 있는데, 특히 하나의 개념이나 용어를 체계적으로 설명할 때 효과적이다. 정의로 개념의 기본 틀을 제시한 뒤 분류, 비교, 분석의 방법을 적용하면, 정의만으로는 드러나지 않는 구조적 특징이나 맥락적 요소를 보다 분명하게 설명할 수 있다. 예를 들어, 설명하려는 개념이 다양한 하위 요소를 포함하거나 범위가 방대할 때는 분류를 통해 그 구조를 명확히 드러낼 수 있다. '미디어'를 인쇄 미디어, 방송 미디어, 뉴미디어로 구분해 제시하면 개념이 포괄하는 범위와 구체적인 특성을 한눈에 파악할 수 있다. 개념 간 차이를 뚜렷이 해야 할 때는 비교가 효과적이다. '형평성'을 유사 개념인 '공정성'과 함께 놓고 비교하면, 두 개념의 공통점과 차이점이 대비되면서 '형평성'의 본질적 의미가 훨씬 명확해진다. 또한, '플랫폼 노동'처럼 사회적 배경과 복합적 요인이 얽힌 개념은 여러 맥락을 나누어 살피는 분석을 통해 그 의미를 정확히 전달할 수 있다.

변화가 빠르고 새로운 표현이 끊임없이 등장하는 현대사회에서는 이러한 통합적 글쓰기 방법이 더욱 강조된다. 그 대표적인 사례가 신조어를 설명하는 경우다. 신조어는 사용 집단에 따라 의미가 달라지고 문화적 요소가 복합적으로 작용해 형성되기 때문에 단일한 정의만으로는 의미를 충분히 담아내기 어렵다. 따라서 정의, 분류, 비교, 분석을 결합한 다각적인 고찰을 시도해야 한다. 이러한 방식은 개념을 단편적인 정보가 아니라 맥락 속에서 파악하게 함으로써 독자가 대상을 비판적으로 바라보고 그 함의를 깊이 있게 이해하도록 이끈다.

예시 1

'헬시플레저(Healthy Pleasure)'는 '건강'과 '즐거움'을 합친 개념으로, 즐거움을 중시하면서 건강 관리를 실천하는 생활 방식을 의미한다. 과거의 건강 트렌드가 칼로리 조절이나 고강도 운동처럼 엄격한 자기 관리를 강조했다면, 헬시플레저는 건강과 행복의 조화를 중시한다. 헬시플레저는 실천 방식에 따라 식생활형, 신체활동형, 정신적 웰빙형으로 분류된다. 식생활형은 저당·고단백 간식처럼 맛과 영양을 모두 고려한 섭취 습관을 중시하고, 신체활동형은 러닝과 같은 취미형 운동과 '#오운완' 인증으로 재미와 성취감을 강화하며, 정신적 웰빙형은 명상이나 요가를 통해 마음의 안정과 휴식을 추구한다. 팬데믹 이후 높아진 개인의 웰니스 의식과 SNS를 통한 공유심리가 헬시플레저 확산의 주요 배경으로 작용했다. 따라서 헬시플레저는 단순한 건강관리 방식이 아닌 현대인이 건강과 행복을 동시에 추구하는 삶의 태도를 보여주는 개념이다.

예시 1은 '헬시플레저(Healthy Pleasure)'를 '건강과 즐거움을 동시에 추구하는 생활 방식'으로 정의하는데 그치지 않고, 기존의 절제 중심의 건강관리 방식과 비교하고, 실천 방식을 세 가지 유형으로 분류한 뒤 각 유형을 구체적인 사례로 설명한다. 이어서 팬데믹 이후의 사회적 변화와 SNS 문화라는 등장 배경을 함께 분석함으로써 개념의 의미와 쓰임을 구체적으로 드러낸다.

연습문제 5

정의, 비교, 분류, 분석을 활용해 '미닝아웃'의 개념을 설명하는 한 문단의 글을 작성해 보자. (400자 내외)

100

200

300

400

500

참고문헌

권오경, 김기형, 서철원, 송효섭, 신경숙, 윤덕진, 이종묵, 전경욱, 정출헌, 조규익, 차충환, 최원오, 최재남, 표인주, 한길연, 허남춘. 2023. 『한국문학개론』. 서울: 새문사.

버트런드 러셀. 2009. 『러셀 서양철학사』. 서상복 역. 서울: 을유문화사.

정미경, 문은식, 박선환, 박숙희, 이주희. 2009. 『심리학개론』. 파주: 양서원.

정한석, 최주열. 2021. 『언어학 개론』. 서울: 한국문화사.

제2부

학술적 글쓰기의 실제

제1장

비평문 쓰기

1 비평문의 이해

··· 비평의 정의

비평(criticism, 批評)은 어원적으로 Krinein(판단하다)으로부터 유래한다. 표준국어대사전은 비평을 "사물의 옳고 그름, 아름다움과 추함 따위를 분석하여 가치를 논"하는 행위로 정의하고 있다. 한자 '批評'을 풀어보면, 하나하나 손수 짚어가며(手) 나열하여 비교(比)한 뒤 평가(評)하는 행위라 할 수 있다. 즉, 비평은 기본적으로 '대상에 대한 평가'의 뜻을 함축한다.

비평은 읽기의 한 방식이다. 비평은 주로 문학작품을 대상으로 하는데, 문학작품이 기본적으로 훈련된 독자에게 읽히기 위한 것임을 생각하면 비평은 일반적 독자의 독서와 구별되는 행위임을 알 수 있을 것이다. 실제로 비평가의 역할에 대해서는 작가와 독자의 매개자, 교사, 전달자, 담론의 관리자 등 다양한 견해가 공존하고 있다. 핵심은 비평이 단순한 독서나 감상과 구별되는 가치를 내포하는 행위라는 것이다.

비평가의 역할에 대한 견해 대립이 보여주듯, 역사적으로도 비평의 관심은 변모해왔다. 작가와 독자를 매개하는 특정한 종류의 행위인 비평의 본질에 대해서도 견해가 나뉜다. 일반적으로 비평의 관심은 통상 작가의 상상력과 내면, 작품이 반영하고 재현하는 현실, 작품이 영향을 미치는 독자, 그 과정에서 작품이 갖추는 구조나 형식으로 나눌 수 있다. 이 구분법은 영문학자 에이브럼스에 의해 널리 알려졌으나, 세부사항의 차이가 있을 뿐 그 골격은 대부분의 학자들이 수용하고 있다.

작가-작품-독자와 그 소통을 떠받치는 현실이라는 네 개의 요소 가운데 어느 것이 비평에 보다 본질적인지 확언하기는 어렵다. 그러나 어떤 대상에 대해 평가하기 위해서는, 정도의 차이는 있을지언정 네 가지 요소를 합당히 살펴야 할 것이다. 비평이란 무엇이며 어떠해야 하는지를 치열하게 탐구한 학술적 역사가 이를 증명한다.

이상을 종합하면 감상과 구별되는 읽기의 한 방식으로서 비평은 대상을 평가하는 행위이다. 이 평가의 준거는 작가, 작품, 독자와 현실로 대별할 수 있으며, 준거에 대한 관심은 역사적으로 변모해왔다. 대상을 평가하기 위해 어느 부분에 관심을 둘 것인지 생각하면서부터 비평은 시작된다.

··· 학술적 글쓰기로서 비평문

흔히 비평문을 감상문과 구분하곤 한다. 감상은 개인적이고 주관적인 것이며, 비평은 사회적이고 객관적인 글이라는 것이다. 특히 대학 글쓰기라는 사회적, 학술적 맥락에서 비평문이라는 장르는 사회적 성격을 지니는 것이며, 그것이 사회적으로 의미 있는 글이 되기 위해서는 주관적 감상을 다루는 데 그쳐서는 안 된다.

다시 말해 학술적 글쓰기로서 비평문은 단순한 주관적 감상이나 의견을 제시하는 것에 그치지 않아야 한다. 객관적 근거와 논리적 분석을 바탕으로 특정 대상(문학작품, 예술, 이론 등)에 대해 깊이 있게 평가하고 해석해야 한다. 여기에 더해 학술행위의 집단적, 대화적 성격을 고려하여, 기존의 관점을 단순히 반복하지 않는 독창적인 설득력 또한 갖추어야 한다.

비평문은 이처럼 어떤 비평의 대상과, 그 대상에 대한 저자의 비판적 생각을 공유하는 일련의 쓰기 장르며, 이때 비평 대상은 매우 다양하다. 구체적으로는 문학작품(시와 소설, 희곡 등), 영상작품(영화, 드라마)에서부터, 최근에는 게임이나 만화, 광고 같은 대중문화의 산물들도 비평문의 대상이 될 수 있다. 나아가 대중문화의 범위 또한 유연한 것이어서 특정한 언어적 유행(유행어)이나 삶의 태도(욜로, 비혼주의 등)도 비평문의 대상이 된다. 밈(meme)과 같은 인터넷 문화 또한 대중문화 비평의 주요한 대상이다.

··· 작품과 텍스트

비평 대상이 이처럼 다양한 것은 비평문의 대상에 대한 시각의 변화에서 비롯된다. '작품'이라는 개념은 특정한 창작자가 만든 문화적인 산물의 뜻을 함축한다. 전통적으로 시인이 구상한 시, 작가가 공들여 쓴 소설 등이 여기에 속한다. 흔히 어떤 소설의 의미를 파악하기 위해 소설가의 인터뷰를 찾아보거나, 영화를 이해하기 위해 감독의 코멘터리 버전을 검색해보기도 하는데, 이 행위들은 모두 작가의 의도를 파악하기 위해서이다. 이처럼 어떤 대상을 '작품'으로 부르는 것은 창작자의 의도가 반영된 결과물이라는 비평적 입장을 강조한다.

한편 비평의 대상은 오직 작가의 의도로만 구성되지는 않는다. 일상적인 대화를 생각해보더라도 이는 자명하다. 화자가 어떤 말을 할 때 그것은 화자의 의도를 반영하는 것이지만, 그 외에도 많은 요소들의 영향과 제약을 받는다. 우선 일정한 한국어 문법구조에 따라 순서대로, 규칙에 맞게 말해야 한다. 또 같은 말이라도 그걸 듣는 청자의 이해력이나 감정, 관심사에 따라 대화가 수월하게 이루어질 수도, 그러지 못할 수도 있다. 게다가 TPO(time, place, occasion)라는 말이 있듯 같은 말이라도 맥락상 전혀 다른 의미로 받아들여질 수 있다. 즉, 어떤 대상의 의미는 그것을 생산한 사람에게 귀속되는 것이 아니라, 그것이 관계 맺는 대상, 환경, 수용자 등과 함께 종합적으로 형성된다.

'텍스트'는 이처럼 한 문화적인 산물의 의미를 관계적으로 파악하고 있음을 드러내는 비평적 용어이다. 즉, 어떤 대상을 '작품'이 아니라 '텍스트'라고 부르는 행위는 비평을 위해 작가의 의도만이 아니라 그 외의 여러 요소들을 종합적으로 고려하겠다는 태도를 내포한다.

… 텍스트와 콘텍스트

물론 이러한 비평에 대한 학술적인 관점에서의 개념적 변모를 모두 파악할 필요는 없다. 다만 '작품'이 아니라 '텍스트'로 비평의 대상을 명명할 때, 그것이 '콘텍스트'라는 개념을 동시에 환기시킨다는 점을 이해하면 비평문을 쓸 때 큰 도움이 된다. 텍스트(text)를 의미 있는 어떤 대상으로 만들어주는 것은, 그것이 속하는 맥락(context)이다. 어떤 작품을 다른 작품과 함께 읽을 때 훨씬 풍성한 읽기가 가능하다는 것은 상식의 차원에서도 쉽게 이해할 수 있을 것이다. 또한 한 텍스트의 가치는 그것을 둘러싼 환경, 시대적 분위기, 텍스트를 유통하는 제도로부터 영향 받는다. 시대를 풍미하는 명작으로 불리던 텍스트가 불과 몇십 년 뒤 쉽게 잊히는 일은 흔하다. 반대로 일찍 조명받지 못했던 텍스트가 후대에 이르러 그 가치가 각광받는 일 또한 왕왕 일어난다.

콘텍스트의 하위개념으로서 곁텍스트(paratext) 또한 콘텍스트 읽기를 이해하는 데 도움이 된다. 일반적으로 문학작품의 '내용'을 텍스트라고 할 때, '내용' 외의 많은 요소들이 독서과정에 관여한다. 소설집을 고를 때의 표지, 책을 감싼 띠지의 문구, 본격적으로 텍스트의 내용이 시작되기 전후에 게재된 편집자나 번역자의 말은 대표적인 곁텍스트이다. 연극의 경우 연극을 관람하기 전 접하게 되는 포스터나 리플렛도 곁텍스트에 속한다. 곁텍스트가 텍스트를 이해하고 파악하기 위해 쉽게 참조되고 있음을 고려하면, 텍스트 읽기에 콘텍스트를 고려하는 것이 반드시 필요하다는 사실 또한 어렵지 않게 이해할 수 있을 것이다.

결과적으로 콘텍스트는 텍스트를 이해하고 평가하는 행위에 관여하는 여러 층위를, 또한 그 층위가 집합하는 해석의 소실점으로서 '독자'의 개념을 환기한다. 이때 '독자'는 '관객'이나 '청취자'와 구별되는 문자매체의 향유자를 뜻하지 않는다. 그보다는 의미를 가진 대상을 해석하려는 태도를 지닌 주체를 지칭한다. 이하에서는 이러한 능동적 해석자를 일관되게 '독자'라고 지칭하고, 비평문 작성의 맥락이 포함될 때에는 '비평문의 저자' 혹은 '저자'라고 지칭할 것이다. 한편 분석대상(text)의 저자를 지칭할 때에는 '텍스트의 저자'로 표기하기로 한다.

연습문제 1

아래의 비평적 진술이 작가, 작품, 독자, 현실 중 어느 것에 주목한 것인지 답해 보자.

예) 광에 갇힌 아이의 울음과 함께 시작하는 이 소설의 첫 장면은 작가의 어린 시절을 반영한다.
(해설: 정답은 작가이다. 소설의 장면이 작가의 삶과 연관됨을 밝히고 있기 때문이다.)

- 영화를 제대로 즐기기 위해서는 소품의 배치나 인물의 의상 색깔도 주목해서 보아야 한다. 이를 미장센이라고 한다.

- 역사물이 성공하기 위해서는 무엇보다 고증이 철저해야 한다. 이것이 어긋나면 작품 전체에 대한 몰입이 깨지고 만다.

- 남들은 어설픈 웹툰이라고 하지만, 주인공이 어린 시절의 나를 떠올리게 해서 자꾸 보게 된다.

- 홍 편집장은 유정 작가의 이번 장편소설도 성공적일 것이라 장담했는데, 그 이유로 단지 유정의 이름을 두 글자를 힘주어 말할 뿐이었다.

- 2009년에 쓰인 SF 소설이지만, SF적 설정을 걷어내고 나면 2008년 금융위기의 경제적 혼란과 정치적 소요가 작품의 중심에 있음이 드러난다.

- <주토피아>를 보면서 누구든 편견으로부터 자유로울 수 없다는 점을 뼈저리게 느낄 수 있을 것이다. 영화가 끝나고 엔딩크레딧이 이어지면서 통렬한 자기반성의 시간도 뒤따른다.

- 도깨비 무잔이 보여주는 생존의지의 맹목성이야말로 기존의 소년만화의 빌런과 확연한 차이점이다. 즉, <귀멸의 칼날>은 무한한 자본증식에 포획된 현대성의 마스터플롯(masterplot)이다.

- 결국 광고의 만듦새나, 고루한 상징적 이미지에도 불구하고 그것이 집단적 열광을 불러일으켰다는 사실에 대한 합리적 설명은 단 하나다. 광고의 메세지가 우리들이 모두 갖고 있는 어떤 열등의식을 자극했다는 것이다.

2 비평문의 3요소

··· 비평문의 3요소

여기서는 비평문을 구성하는 요소인 분석, 해석, 평가를 구별하여 서술할 것이다. 분석은 텍스트와 관련된 사실적 요소를 정확하게 파악하는 것을 뜻한다. 해석은 분석을 종합한 판단으로서, 사실적 요소들의 관계를 고려하여 텍스트의 전체적인 의미를 파악하는 것이다. 이러한 해석을 바탕으로 이루어지는 평가는 텍스트를 다른 텍스트 혹은 콘텍스트와의 관계 속에서 가치와 의의를 부여하는 것이다.

좋은 비평문을 쓰기 위해서는 분석, 해석, 평가의 시각을 고루 갖추어야 한다. 어느 한 요소가 결여될 경우 해당 비평문의 가치는 퇴색된다. 개념의 정의상 정확한 분석을 바탕으로 해석을 완성하고, 그 해석된 바를 통해 텍스트에 대해 평가를 내리는 것이 이상적이다. 그러나 비평문을 작성할 때 3요소를 꼭 차례차례 충족시켜야 하는 것은 아니다. 잠정적 평가를 내린 뒤 이를 뒷받침하기 위해 분석을 보완할 수도 있고, 해석을 위해 텍스트를 분석하다보니 평가마저 뒤바뀌는 경우도 생긴다. 따라서 이들 3요소는 좋은 비평문에서 사후적으로 추출할 수 있는 실용적 개념으로 이해하는 것이 좋다. 타당한 해석은 정확한 분석으로부터 나오며, 정확한 분석은 해석과 평가에 이르지 못하면 공허하다. 타당한 해석 없이 자의적이거나 주관적으로 성급하게 내린 평가 또한 수긍하기 어렵다. 비평문을 작성할 때 이 3요소를 되도록 모두 충족시키도록 목표를 세우는 것이 좋다.

··· 분석

분석은 텍스트와 관련된 사실적 요소를 정확하게 파악하여 진술하는 작업이다. 텍스트 안팎에 존재하는, 해석의 여지가 최소한으로 개입되는 요소들이 분석의 대상이다. 소설에 쓰인 주인공의 행선지를 기억하는 것, 영화 속 테마곡이 나오는 상황을 정확하게 열거하는 것, 만화의 연재연도를 틀림없이 명시하는 것, 작품과 관련된 창작자의 인터뷰에서의 발언을 그대로 인용하는 것 등은 모두 분석의 결과물이다. 즉, 이견의 여지가 없거나 최소화된 사실의 차원을 실수 없이 정확히 다루는 것이 독자가 텍스트를 비평하기 위해 할 일이다.

어디부터 어디까지를 분석의 대상으로 삼을지는 일률적으로 단정하기 어렵다. 단편소설이라면 작품 전체를 다루는 것이 바람직하겠으나, 대하소설에 대한 비평문이 소설의 세부사항을 모두 다루는 것은 불가능하다. 소설이나 영화 등의 서사물은 기본적으로 인물의 행동과 그들의 관계, 사건 등을 관심을 대상으로 삼지만, 영화는 그 외에도 음악, 구도, 소품 등도 중요한 구성요소이다.

실천적인 차원에서 분석은 '해석의 근거로서 정확해야 한다'는 맥락에서 형성된 개념으로 봄이 타당하다. 텍스트에 대한 해석은 결국 텍스트 및 텍스트와 결부된 사실적 요소를 바탕으로 이루어질 수밖에 없다. 요컨대 그 사실적 요소들을 정확히 파악해야 하고 그럴수록 비평 및 비평을 이루는 해석의 신뢰도가 올라간다는 원칙을 설명하기 위한 개념이 분석이다.

··· 해석

해석은 텍스트 안팎의 사실적 요소들을 고려하여 텍스트의 전체적인 의미를 파악하는 것이다. 분석된 바를 바탕으로 이를 종합하여 내린 판단이다. 이것은 이른바 텍스트의 주제, 혹은 핵심 메시지를 도출하는 일과 같다. 텍스트의 주제를 도출하기 위해서는 텍스트의 요소들이 뜻하는 바를 보다 거시적인 수준으로 종합해야 한다. 가령 단편소설을 이해하기 위해 주인공의 성별, 직업, 욕망 등이 무엇인지 꼼꼼하게 분석하는 것으로는 불충분하다. 주인공의 욕망이 어떤 조건 속에서 충족되거나 좌절됐는지를 함께 고려해야 텍스트가 어떠한 형태의 욕망이 바람직하다는 주제를 구현하는지 결론내릴 수 있다. 또 어떤 영화가 '권선징악'의 주제를 보여준다고 해석하기 위해서는, 주인공이 선한 인물임을, 그와 대립하는 악당의 욕망이 반사회적임을, 주인공의 의지와 욕망이 종국에는 관철됨을 거시적 관점에서 종합해야 한다.

거시적 관점에서 분석을 종합하여 해석을 내릴 때에는 일정 부분 독자의 관점이나 가정이 개입하게 된다. 분석 대상의 범위의 측면에서 볼 때, 짧은 시라면 시 전체를 분석의 대상으로 삼을 수 있지만, 2시간 이상의 영화라면 해석을 위해 불가피하게 생략해야 하는 장면도 존재하게 된다. 어디까지를 분석대상으로 삼아야 할지 독자의 관점에 따른 판단이 필요하다. 또 단편소설을 분석한 결과 거의 동일한 사실관계에 주목하더라도 그에 대해 독자가 내린 평가는 얼마든지 달라질 수 있다. 어떤 이야기에서 주인공의 부도덕한 행위가 그의 결함 '때문에' 발생한 연민의 대상으로 읽히는지, 아니면 그의 결함에도 '불구하고' 정상참작의 범위를 넘어선 것이어서 존재의 나약함을 보여주는 지표로 읽히는지는 비평문의 저자가 취하는 관점이나 가정에 달려 있는 것이다.

종합을 위해서 텍스트의 사실적 요소 이상을 가정하는 일도 발생한다. 짧은 시의 시적 상황을 이해하기 위해 가정해야 하는 부분, 영화에서 생략된 사건이나 인물의 과거 등에 대해서 정황상 가정해야 하는 부분, 소설의 결말을 이하기 위해 가정해야 하는 부분 등이 존재하기 마련이다. 이처럼 텍스트의 독자는 텍스트에 생략되거나, 분석으로 단정할 수 없는 영역의 내용을 능동적으로 채운다. 다시 말해 텍스트의 틈을 채워가며 해석한다.

그렇다고 틈을 채워 읽기가 자의적이거나 주관적인 해석 전부가 허용됨을 뜻하지는 않는다. 틈 채워 읽기는 기본적으로 텍스트의 결을 따라 이루어져야 한다. 결을 따라 읽는 것은 텍스트가 기본적으로 전제하는 해석의 규약을 존중하며 비평하는 것을 뜻한다. 가령 1인칭 서술자에 의해 서술되는 단편소설의 내용은 기본적으로 참이라고 가정된다. 특별히 분석될 증거가 없는 한, 서술자의 말을 의

심하는 것은 부자연스럽다. 영화에서 회상장면이 등장할 때, 현재와 과거의 배우가 다르더라도 관객은 두 사람의 연속성을 받아들인다. 이 연속성 아래에서 현재와 과거의 사건이 동일한 인물에게 벌어졌다고 해석하는 것이 영화의 결을 따라 읽는 방법이다.

결을 따라 읽는 독자는 해석의 도덕적, 가치적 차원에서도 텍스트의 세계를 인정하고 그것에 동의한다. 제2차 세계대전 후의 승전국의 일상생활을 묘사하는 장편소설을 읽는 독자는 전쟁의 상처를 받아들이고 극복하려는 시도로 텍스트를 해석하면서 이야기를 따라갈 것이다. 20세기의 부당한 근로환경에 맞선 노동조합의 쟁의를 묘사하는 영화를 보는 관객은, 기본적으로 이 쟁의행위를 조명하는 감독의 생각과 가치관을 먼저 받아들여야만 각각의 장면을 보다 정확하게 이해할 수 있다.

결국 실천적인 차원에서 해석은 정확한 분석을 바탕으로, 텍스트의 결을 따라서, 일정 부분 틈을 채워 읽는 행위라고 정리할 수 있다. 이러한 정의는 동시에 텍스트의 결을 '거슬러서' 일정 부분 틈을 채워 읽는 독해의 가능성을 내포한다. 텍스트가 자연스럽게 가정하거나 제시하는 부분을 독자는 그렇게 받아들이지 않을 때 해석은 비판적, 창조적 성격을 더욱 선명하게 지니게 된다. 가령 제2차 세계대전 후의 일상생활을 다루는 휴머니즘의 스토리는, 어떤 독자에게는 패전국의 국민의 비극성과 대비되어 일종의 아이러니한 텍스트로 인식될 것이다. 이는 기본적으로 텍스트의 세계가 의도한 해석 방향은 아니지만, 어떤 독자에게는 충분히 가치와 의미가 있는 접근방식일 수 있다. 마찬가지로 노동조합과 회사의 쟁의행위를 조명하는 영화가 노동조합 내부의 분란과 부조리를 지나치게 축소하여 재현했다는 사실이 어떤 독자에게는 영화를 평가할 때 중요한 요소일 것이다. 또 어떤 독자는 20세기의 포드주의 제조업 현장의 남성 중심적 노동현장을 영화가 전형(stereotype)화하는 것이 부작용을 지님을 더 엄중히 묻고자 할 것이다.

이러한 관점들은 텍스트가 쓰였을 당시 저자가 의도하거나 예상했던 바는 아니겠지만, 일정한 설득력을 지닌다는 점에서 결 거슬러 읽기의 창조적 가치를 보여준다. 결 거슬러 읽기는 텍스트가 구속하고 제약하는 범위의 바깥에서, 대안적 해석을 제기하면서 텍스트의 가치를 재평가할 가능성을 제공해준다. 어떤 텍스트는 그것이 의도하는 읽기 방식을 거슬러 올라갈 때 독자에게 더 큰 의미가 있을 수 있다. 또 어떤 텍스트는 그것의 공인된 가치에도 불구하고, 사소하게 지나치거나 의도적으로 생략된 부분을 고려하면 문제적인 텍스트가 될 수 있다.

독자는 텍스트에 생략되거나, 텍스트로 단정할 수 없는 영역의 내용을 능동적으로 채워가며 읽는다. 이 틈을 결을 따라가며 채울 것인지, 결을 거슬러가며 채울 것인지는 비평문의 저자가 설득력 있는 근거와 함께 주체적으로 선택해야 한다.

··· 평가

해석을 바탕으로 다른 텍스트 혹은 콘텍스트와의 관계 속에서 대상 텍스트에 가치와 의의를 부여하는 작업을 평가라고 한다. 분석과 해석을 거쳐 이해한 텍스트에 대한 평가는 특정한 맥락 속에서 놓일 때 비로소 정확해진다. 앞서 비평(批評)의 한자를 풀어 설명하며 확인했듯, 대상에 대한 평가는 궁극적으로 '비슷한 다른 무엇'과의 비교를 필요로 한다. 따라서 한 텍스트에 대한 평가는 선행하는 다른 작품들을 놓고, 그것들 견주어 가치를 부여하는 작업으로써 완성된다고 말할 수 있다.

가령 '권선징악'의 주제를 형상화한 것으로 텍스트를 해석했을 때, 이 형상화는 다른 '권선징악' 텍스트의 것보다 탁월하거나 미흡할 수 있다. '권선징악'에서 악에 대한 징벌을 독창적인 방식으로 형상화하거나, 바람직한 선함의 가치를 인본주의에서 실용주의로 바꾸어 표상할 수도 있다. 이처럼 '비슷한 다른 무엇'과 비교하면 텍스트의 가치는 더욱 분명하고 정확하게 인식될 수 있다.

나아가 텍스트는 그것이 속한 맥락, 다시 말해 사회적 관계, 문화적 배경과 같은 콘텍스트와 어떤 관계에 있는지를 규정하면서 더욱 큰 의미를 갖게 된다. 예컨대 현재의 사회적 분위기 속에서 읽힐만한 가치가 더 큰 것인지 작은 것인지, 작품의 주제가 특정 종교나 문화권에 따라 더 긍정적이거나 부정적으로 읽힐 여지는 없는지 등등을 비평문의 저자의 시각에서 평가해줄 수 있다.

가령 앞서서 언급한 제2차 세계대전 후의 승전국의 일상생활을 묘사하는 장편소설은, 전쟁의 상처를 받아들이고 극복하려는 시도의 결과물로 해석될 수 있을 것이다. 이때 전쟁의 상처를 받아들이고 극복하려는 사람들을 보여주는 다른 장편소설 또는 단편소설, 더 나아가서는 비슷한 시기에 제2차 세계대전을 다룬 영화와 비교하여 성취의 정도를 판단할 수 있다. 한편 20세기의 부당한 근로환경에 맞선 노동조합의 쟁의를 묘사하는 영화는 텍스트 평가 당시의 사회적 관계, 문화적 배경과 같은 콘텍스트 속에서 그 의의를 부여받게 된다.

··· 비평문의 3요소를 고려한 읽기

좋은 비평문을 쓰기 위해서는 분석, 해석, 평가를 균형 있게 다루어야 한다. 분석이 제대로 되지 않은 해석은 쉽게 반박되어 그 설득력이 떨어지게 된다. 해석에 이르지 못한 분석은 단순한 사실의 나열로서 텍스트의 의미를 드러내주지 못한다. 평가 없이 해석에 그칠 경우, 비평 대상인 텍스트의 의의를 정확하게 밝혀줄 수 없다. 물론 초보 독자일 때에는 해석을 정확히 하는 것만으로도 학습의 차원에서 가치 있는 일이 될 수 있지만, 궁극적으로 평가를 포함한 비평을 지향해야 한다.

여기서는 분석, 해석, 평가의 실제 사례를 제시하기 위해 김소월의 <진달래꽃>에 개념을 적용하여 설명한다. 이 텍스트는 1922년 7월 『개벽』지에 '민요시'라는 부제를 달고 처음 발표되었다. 이후 시어와 율격이 일부 수정되어 1925년 시집 『진달래꽃』에 수록되었다. 발표 및 수록 당시의 원문은 오늘날 한글 맞춤법과 다르다. 독자에게 흔히 알려진 현대어판의 전문은 다음과 같다.

<진달래꽃>
나 보기가 역겨워
가실 때에는
말없이 고이 보내드리우리다

영변(寧邊)에 약산(藥山)
진달래꽃
아름 따다 가실 길에 뿌리우리다

가시는 걸음 걸음
놓인 그 꽃을
사뿐히 즈려밟고 가시옵소서

나 보기가 역겨워
가실 때에는
죽어도 아니 눈물 흘리우리다

시는 1연과 4연의 수미쌍관 구조로 이루어져 있다. 시적 화자가 누군가와 이별하는 상황인 듯 보인다. 화자가 이별의 상대방에게 "말없이 고이 보내"드린다고 하면서도 꽃을 "즈려밟고 가"라 하고, "죽어도 아니 눈물 흘리"겠다고 말하는 반어(irony)적 표현이 특징적이다. 이별의 슬픔은 분명하지만, 이를 직설적으로 표현하지 않는 태도가 거꾸로 그가 느꼈을 감정을 더욱 강하게 전달한다. 이러한 분석을 바탕으로 독자는 <진달래꽃>을 이별이 주는 상실과 슬픔을 절제된 형식으로 표현하는 시로 해석하게 된다.

그런데 이러한 해석의 기초가 되는 분석이 달라지게 되면 <진달래꽃>은 사뭇 다른 시가 된다. 가령 2연의 원문은 "寧邊에藥山 / 진달내쏫 / 아름싸다 가실길에 쑤리우리다"라고 되어 있다. 이 경우 한자를 못해 "寧邊에藥山"의 뜻을 파악하지 못하는 분석의 누락이 발생할 수 있다. 현대어판 독자라면 그것이 특정한 지역의 산(山)임을 짐작할 수 있겠으나, 영변(寧邊)이 평안북도의 산지 지역으로 명승지 약산동대(藥山東臺)가 유명하다는 사실은 따로 조사가 필요할 것이다. 특히 약산동대가 그 빼어난 진달래 풍광으로 조선시대부터 시나 민요의 모티프로 기능해왔다는 점(조은주 2023: 9-10), 나아가 진달래가 비슷한 시기 문학작품에서 조선을 상징하는 꽃으로 이해되기도 했다는 점(조은주 2023: 49-50) 등을 분석하게 되면, <진달래꽃>을 단순한 이별의 슬픔 이상의 민족적 한(恨)을 표현하는 복합적인 시로 해석할 수 있게 된다.

비평문을 작성할 때에는 꼭 위와 같이 매우 전문적인 수준의 분석에 이르지 않더라도, 여러 범위에서 분석을 하기 마련이다. 만약 1연의 "말없이 고이 보내"드린다는 화자의 진술을 말(語)이 아니라 말(馬) 없는 상황으로 생각한다면, 화자의 침묵(語)을 통해 드러나는 인내, 체념보다는 이별을 거부하는 반어적 태도가 더 부각된다. 먼 길을 떠나는 상대방에게 이동수단(馬)을 제공하지 않음으로써 실질적으로 떠나지 못하게 하려는 의도로 이해될 수 있기 때문이다. 물론 이것은 이해를 돕기 위해 다소 극단적인 분석의 오류를 가정한 것이지만, 텍스트의 분량과 복잡성이 늘어날수록 이러한 오독은 얼마든지 일어나게 된다. 타당한 해석을 위해서는 정확한 분석이 선행되어야 하는 것이다.

한편 거시적인 차원에서 시적 상황이 무엇을 지시하는지는 틈을 채워 해석해야 할 부분 또한 존재한다. 시가 이별의 슬픔과 절제된 반어적 태도를 표현함은 명확하지만, 그 외의 상황에 대해서는 독자의 치밀한 분석과 능동적인 해석이 필요하다. 화자가 여성인지 남성인지, 상대방이 화자에게 이별의 뜻을 밝히기 전인지 후인지, 화자가 궁극적으로 이별을 체념적으로 받아들이는 것인지 반어를 통해 상대의 마음을 돌리려고 하는 것인지 등은 그 해석의 가능성이 열려 있다. 더구나 위에서 분석한 내용대로 영변의 약산동대에 핀 진달래가 조선 민중을 상징하는 것으로 파악한다면, 이를 1920년대라는 역사적 시점과 맞물려 해석할 수도 있다. 식민지 배 상황에 대한 시인의 민족의식을 보여주는 텍스트로서 '결 따라, 틈 채워 읽기'가 이루어지는 것이다.

평가의 차원에서는 다른 텍스트 혹은 콘텍스트와의 관계 속에서 대상 텍스트에 가치와 의의를 부여하게 된다. 우선 <진달래꽃>이 보여주는 정서와 시적 상황을 다른 시와 비교해볼 수 있다. 첫째, 김소월의 다른 시와 비교하는 방법이다. 가령 <진달래꽃>의 화자가 드러내는 절제된 정서는 같은 시집에 실린 <초혼>의 화자가 보여주는 격정적 태도와는 사뭇 대조적이다. 둘째, 비교의 범위를 시간적으로 확장할 수도 있다. 이별의 상황과 정서를 표현한 고려시대의 가요 <가시리>나 민요 <아리랑> 등과 비교, 대조하면서 <진달래꽃>이 지니는 민족적 정서의 연속성이나 차별성을 평가하는 것이다.

평가는 콘텍스트, 다시 말해 <진달래꽃>이 속한 사회적 관계나 문화적 배경 속에서도 이루어질 수 있다. <진달래꽃>과 같이 창작의 시점이 평가의 시점과 크게 차이나는 경우 창작 시점과 맥락을 기준으로 평가하기도 한다. 한편 현재의 맥락을 강조하면서 오늘날 <진달래꽃>을 읽는 것이 어떤 의미가 있을 것인지 비평문의 저자의 시각에서 평가할 수도 있다. 이별의 슬픔을 절제된 형식으로 표현하는 이 시는, 현대사회의 문화적 배경에 익숙한 독자에게는 지나치게 답답하게 느껴질 수 있다. 직설적 의사소통을 선호하는 사람이라면 상대방에 대한 자신의 마음을 반어(irony)적으로 표현하는 화자의 태도를 부정적으로 평가할 가능성이 크다. 극단적으로 말해, 현대사회의 문화적 관행 속에서 <진달래꽃>은 소위 '질척대는' 이별의 시로 이해될 여지마저 있는 것이다. 이 경우 시인이 의도하거나 예상한 바는 아니라는 점에서 텍스트의 결을 거슬러 읽은 결과이자, 해석한 시적 상황의 평가 준거로서 콘텍스트를 강하게 적용한 예라 하겠다.

연습문제 2

다음 꽁트를 읽고 분석, 해석, 평가를 한 문장씩 적어보자.

<최후의 아이보>

아이보가 출시된 지 25년이 지났다. 2023년 초여름, 서울 외곽의 복도식 아파트 거실에는 할머니가 강아지를 안고 있었다. 파견센터 직원은 난처한 표정을 지었다. 할머니, 할머니, 마음은 이해하지만…… 이건 곤란합니다. 인기가 식어 간간이 유지보수를 위한 부품수리나 말아오던 그에게는 어려운 일이었다. 유언을 위한 증인 요청이라니.

아이보에게는 물론 일상생활 녹화 기능이 있었다. 견주가 쉽게 추억을 간직하게 하고, 혹시 모를 분쟁에도 유용한 증거자료가 될 수 있었다. 그러나 할머니의 요점은 그게 아니었다. 유언의 증인으로 아이보를 채택하고 싶다고요?

복지사의 반응이 어쩐지 떨떠름하더라니. 휴대폰 너머로 들려오는 한면동 사회복지사로부터 전달받기로, 할머니는 치매증상이 오락가락 한다고 했다. 연고 없는 노인이므로 생전에 유언을 미리 해두고 싶다는 것이었다, 그런데. 할머니 아시다시피……유언이 유효하려면 증인 2명의 동석 및 날인이 필요해요. 이 기계가 어떻게 증인이 됩니까.

직원의 난처한 물음에 할머니는 품 안의 강아지를 사랑스럽다는 듯이 쓰다듬었다. 본디 반짝였을, 그러나 이제는 누렇게 변해버린 플라스틱 몸을 할머니는 거친 손으로 빗질하듯 쓸어내렸다. 이 애는 내 25년을 전부 봤어. 찾아오는 자식 하나 없지. 내 손톱 깎는 소리, 새벽의 기침까지 아는 녀석은 얘뿐야.

체념한 직원은 마지못해 강아지의 메모리를 추출해 중개기에 연결했다. 화면에 흐르는 데이터는 평범한 녹화 영상이 아니었다. 지난 일주일의 일상이 빠르게 지나가고, 사흘 전의 산책, 이틀 전에 할머니가 깨먹은 밥그릇, 엊저녁에 후들거리는 손으로 무언가를 한 자 한 자 눌러쓰는 할머니의 손이 점점 느려지며 재생되었다. 유언장이었다. 얘야, 내가 죽으면 서류는 옷장 안 여름이불 아래에 있다. 숙자에게는 국가위로금으로 130만 원만 주면 되고, 옷가지는 맑은손 가게에 기증하려고 한다. 받아주려나 모르겠네. 그리고 아이보 너는…….

할머니의 손이 '아이보 너는'이라는 글씨를 쓰고 다음 획으로 넘어갈 때였다. 할머니의 품에서 아이보가 돌연 고개를 들더니 초록 안광이 반짝였다. 구형 몸체는 직접 말하는 기능이 없었다. 안광이 반짝이며 입안에 설치된 스피커에서 설정된 초기형 목소리가 흘러나왔다. "아이보 너는……나와 함께 바다로 가자." 강아지는 힘겨운 목소리로 할머니의 문장을 완성했다. 25년이란 시간 동안 할머니의 일상과 동기화된 로봇 강아지는, 흡사 할머니 자신이라도 된 것처럼 할머니를 대신하여 말하고 있었다. 명백한 분산기억의 증거였다. 부부 사이에서 흔히 관찰되는 분산기억을 이유로, 이미 아이보의 증인적격에 대한 소송을 견주들이 벌이고 있었다. 혹시 모를 분쟁에 유용한 증거자료를 제공한다는 아이보의 일상생활 녹화 기능이, 그 말 그대로의 쓸모를 다하는 중이었다.

놀라 돌아보는 파견직원을 보고 할머니는 피식 웃었다. 거봐. 얘 된다니까. 할머니도 소송 소식을 알고 있는 게 분명했다. 아니 그래도.. 아니, 얘한테 분산기억이 충분하다고 쳐요. 그런데 얘 하나로는 안 된다고요. 유언에는 증인 2명의 동석 및 날인이……!

아차 하며 파견직원은 말을 흐렸다. 설마……그의 불안한 예감에 마치 선고를 내리듯 할머니는 푸근하게 미소지으며 아이보의 앞발, 아니 손을 잡아 자신을 가리켰다. 여기 있잖아, 두 번째.

분석

해석

평가

3 서론 쓰기

··· 서론 쓰기의 원칙

앞에서 살펴본 분석, 해석, 평가를 종합적으로 활용하여 비평문을 작성한다. 비평 대상은 테드 창의 SF 중편소설 <소프트웨어 객체의 생애 주기>로 한다. 비평 대상의 다양성에도 불구하고, 고도로 정제된 언어적 구성물인 문학 텍스트는 비평문 작성연습에 특히 적합하다. 특히 <소프트웨어 객체의 생애 주기>는 근미래의 사회상을 실감 있게 묘사하면서, 소재 및 주제의 차원에서 현대적 의의 또한 충분하다. 연습 단계임을 고려하여 비평문의 조건은 다음과 같이 한정하도록 한다.

- 대상 텍스트는 테드 창, 『숨』(2019. 김상훈 역. 서울: 엘리)에 수록된 중편소설 <소프트웨어 객체의 생애 주기>이다.
- 비평문은 한글 1,000자 이내로 작성한다. 이는 한글프로그램 기준 A4 1쪽이 조금 안 되는 분량이며, 4~5문장으로 구성된 문단 5개 정도가 된다. 초보 학습자가 목표로 삼기에 적절한 분량이다.
- 분석, 해석, 평가를 고루 활용할 수 있도록 구체적인 근거를 제시하여 해석하되, 독자가 속한 사회적 맥락을 환기시키며 비평적 관점을 드러내는 글을 목표로 한다.

서론은 글의 도입부로서, 일반적으로 글의 목적과 대략의 내용을 설명하는 부분이다. 비평문의 서론 또한 독자가 비평의 관점을 수용하며 따라가게 하는 역할, 텍스트에 대한 일반적인 이해와 소개를 하는 역할, 독자의 흥미와 관심을 돋우어 글을 읽게 하는 역할 등을 수행한다. 아래에서는 이러한 역할을 수행할 수 있는 실천적인 작성전략을 제시하겠다.

··· 인상적인 장면 제시하기

비평문이 상정하는 독자는 텍스트를 읽어보았거나, 적어도 텍스트에 최소한의 이해나 관심이 있는 사람이다. 따라서 텍스트에 대한 모든 정보를 제공할 필요는 없다. 텍스트의 발표 연도와 함께 기본적인 정보를 괄호 안에 제시하면 충분하다. 소설의 경우 수록된 지면, 웹툰의 경우 연재처와 연재기간, OTT 영상물의 경우 플랫폼이 이에 해당한다.

그 다음 텍스트를 읽어나갈 기본적인 관점을 독자에게 제시해준다. 이때 어느 정도로, 어떤 부분에 관심을 두어 텍스트를 요약적으로 재서술할 것인지 전략적으로 고려해야 한다. 텍스트의 핵심을 명확하게 규정하면서, 이러한 규정을 뒷받침하는 장면을 제시하는 방법을 활용하는 것이 좋다. 인상적인 장면을 서론에서 제시함으로써 독자가 비평문에 관심을 가지고, 저자의 텍스트 규정에 따라 일정한 관점을 가정하면서 글을 따라가게끔 유도할 수 있다.

예시 1

테드 창의 중편소설 <소프트웨어 객체의 생애 주기>(『숨』, 2019)는 어린아이나 애완동물을 돌본 적이 있다면 쉽게 이해할 수 있는 '훈육과 성장'에 관한 이야기이다. 작품에서 디지털 생명체인 디지언트는 경험을 통해 성장한다. 디지언트의 성장은 경험한 바에 따라 달라지는데, 이것이 이 존재를 흥미롭게 만들지만, 한편으로 적절한 훈육이란 무엇인지 질문을 던지게 만들기도 한다.

> "이잉, 이잉, 이잉." 롤리가 말한다. "퍽fuck."
> 갑자기 모든 사람들의 주의가 롤리를 향한다. "걔 어디서 저런 말을 배운 거야?" 마헤시가 묻는다. (114쪽)

작품 초반부, 디지언트가 욕을 하는 장면을 기억할 것이다. 디지언트 롤리는 외부세계와의 접촉 없이 훈련하고 있었으나, 어느샌가 훈련사가 내뱉은 욕을 순식간에 흡수하여 따라했다.

이 서론 작성 방식은 독자에게 인상적인 장면을 제시하면서 본론 내용을 예고한다. 예시 1은 '훈육과 성장'이라는 키워드를 제시하는 한편, 관련된 롤리의 욕설 장면을 제시한다. 이 둘을 종합하여 저자는 훈육을 통해 성장하는 것이 가능한지, 이 과정에서 훈육자의 실수나 결함을 어떻게 해야 하는지와 같은 고민이 <소프트웨어 객체의 생애 주기>의 탐구사항임을 이어서 보여주려는 것이다.

··· 질문 던지기

비평문을 이루는 비판적인 생각은 결국 어떤 의문에서 시작된다. 자신이 텍스트를 읽고 내린 일정한 해석과 평가는 이 의문에 답한 결과이다 인물의 행동은 반드시 그래야 하는지, 묘사되는 사람들의 가치관이나 사회의 특성은 사실적인지, 텍스트의 결말은 특정한 가치관이나 세계관을 정당화하는 것은 아닌지 등, 텍스트를 읽으며 구체화한 질문은 비평문의 훌륭한 실마리가 된다. 이처럼 텍스트와 관련된 중요한 질문을 던지는 것으로 비평문을 시작할 수 있다.

이 방법을 쓸 때에는 텍스트의 인상적인 장면을 제시하거나, 전체적인 구도를 주지시키는 등 기본적인 정보를 제시한 뒤, 그로부터 의문을 하나 이끌어내게 된다. 이후 본론을 거쳐 결론에 이르러 의문에 대한 자신의 해답을 제시하면 된다. 결과적으로 서론에 제시된 질문의 답을 결론에서 제시하는 수미쌍관 형식의 글이 된다.

또 다른 방법으로는, 서론에서 질문과 그 잠정적 답을 함께 제시한 뒤 본론에서 보다 상세히 논증하는 방식으로 구성도 존재한다. 이 경우 서론에 제시된 답이 결론에서 재차 확인되는 쌍괄식의 글이 된다.

이 방법이 다른 서론 작성 전략과 꼭 배타적인 관계에 있는 것은 아니다. 가령 질문을 던지기 위해 텍스트의 인상적인 장면을 제시하는 것도 가능하다. 단, 글의 전체적인 구성과 분량을 고려하여 서론에 너무 많은 내용을 담으려 하지 않는 것이 좋다.

또한 서론의 질문에 반드시 답을 제시해야 한다는 점에 유의해야 한다. 서론의 질문은 표면적으로는 의문문의 형식을 취하고 있으나, 그것은 비평문의 저자가 내린 해석과 평가를 전개하기 위한 수사적 장치이다. 질문의 답이 서론에 앞서 제시되는 쌍괄식이건, 결론에 이르러 제시되는 수미쌍관식이건, 저자는 자신의 생각 스스로 명료하게 정리할 수 있어야 한다.

예시 2

<소프트웨어 객체의 생애 주기>가 보여주는 흥미로운 대목 중 하나는, 로빈이 결혼과 임신 사실을 애나에게 알리는 장면이다. 여기서 로빈은 디지언트는 "졸업"하겠다고 말하여 애나에게 깊은 실망감을 안겨준다. 그런데 이 임신이 '난자융합법'에 의한 것임은 독자가 놓치기 쉽다. 주인공인 애나의 시점에서 보면 로빈의 무신경함과 그녀가 보여준 뿌리깊은 편견만이 크게 느껴질 뿐, 임신의 실체에 대해서는 깊이 묘사되지 않기 때문이다. 그런데 조금 생각해보면 조금 의아하다. 어째서 그녀는 하필 '난자융합법'이라는 인공수정으로 임신한 것일까? 해당 장면 이후로 로빈은 작품에 더 이상 등장하지 않지만, 이 질문은 작품 전체를 관통하는, 해명되어야만 할 의문을 남긴다.

예시 2에서 저자가 던지는 질문은 "로빈은 왜 '난자융합법'이라는 인공수정으로 임신한 것일까?"이다. 작품에 나오는 단서만으로는 이 질문에 답하기 어렵다. 이 경우 분석한 사실을 토대로 틈을 채워 읽는 해석을 해야 한다. 난자융합법은 로빈이 성소수자임을 환기하는 기술이다. 즉, 로빈의 결혼은 일반적이지 않아 특별히 주의를 끄는 유표적(marked) 사건이다. 이는 로빈이 단순히 남자와 결혼하여 임신하게 되었다고 말할 때의 무표적(unmarked) 서술과는 다른 효과를 지닌다. 예시 2의 질문은 이러한 문제의식을 드러낸다. 따라서 이어지는 비평문의 내용은 텍스트의 저자가 로빈이 성소수자임을 드러낸 목적 및 그 독서효과를 해명하는 것이어야 한다. 비평문의 저자가 이 논점에 대한 자신의 생각을 명확하게 정리해 두고 있어야 함은 물론이다.

··· 콘텍스트를 환기하여 연결하기

분석, 해석, 평가를 두루 다루는 비평문은 자연스럽게 콘텍스트를 환기하는 내용을 담게 된다. 앞서 보았듯 콘텍스트는 텍스트를 해석하는 규범, 관습이나 규칙이 될 수도 있고, 비슷한 주제를 가진 다른 작품일 수도 있다. 또 텍스트가 환기하는 사회와 맞닿아 있는 현대 사회일 수도 있다. 어느 쪽을 선택하건, 적극적인 평가를 위해서는 콘텍스트를 환기하는 방법을 활용할 수 있다.

비슷한 주제를 가진 작품을 다루고자 한다면, 작품의 주제가 다른 작품과 비교, 대조됨을 지적하면서 글을 시작하면 된다. 어떤 소설이 다루는 권선징악의 주제가 최근 드라마나 웹툰을 통해서도 나타나고 있음을 지적하면서 시작하는 것이 한 예이다. 우리 사회의 어떤 특성을 보여주는 징후로서 텍스트를 부각하는 수도 있다. 소설이 다루는 권선징악의 주제가 현대사회의 미디어에서 반복해서 다루어짐을 환기하는 경우가 그것이다. 텍스트를 해석하는 규범 또한 콘텍스트로서 환기될 수 있다. 소설이 권선징악의 주제를 가진 것으로 생각되면, 우리가 어째서 이야기의 각 요소들을 권선징악의 코드로 이해하는지 읽기의 관습에 의문을 제시하는 방법이 여기에 해당한다.

이 방법 또한 마찬가지로 다른 서론 작성 전략과 배타적인 관계에 있지 않다. 가령 콘텍스트와 연결하면서, 그와 함께 질문을 던지는 방법을 택할 수 있다. 핵심은 구상 단계에서의 텍스트 해석을 드러내기에 어떤 작성 방식이 적절한지 스스로 거듭 고민해보는 것이다.

예시 3

AI와 사랑에 빠진 사람은 더 이상 이야기 속 존재가 아니다. 영화 <그녀 Her>(2013)에서 묘사되었던 AI 에이전트와의 감정교류는 오늘날 다양한 생성형 AI들과도 충분히 가능한 것처럼 보인다. 그런 면에서 <소프트웨어 객체의 생애 주기>에서 사람들의 이해를 받지 못하는 애나와 데릭의 헌신은, 오히려 우리 사회가 고민해야 할 지점을 정확하게 보여준다고 할 수 있다. 만약 챗GPT에게 인생상담을 하는 사람들이 점차 늘어나고 있다는 사실(매일경제, 2025. 5. 7.)이 의아하게 느껴진다면, 의문을 덮어두고 우선 <소프트웨어 객체의 생애 주기>의 이야기를 따라갈 필요가 있다.

예시 3은 <소프트웨어 객체의 생애 주기>의 데릭과 애나의 모습과 챗GPT와 감정적으로 교류하는 현대인의 모습을 직접 비교, 대조할 것을 권하고 있다. 그로써 텍스트에 대한 해석과 평가는, 저자 및 비평문 독자의 현실과 직접 연결되어 사회적 가치를 지니게 된다. 만약 이러한 서론의 관점을 설득력 있게 밀고나갈 수 있다면, 의미 있는 비평문이 될 것이다.

연습문제 3

연습문제 2에 수록된 <최후의 아이보>에 대한 비평문을 작성하려고 한다. 다음과 같은 형식으로 비평문의 서론을 써 보자. (300자 내외)

- <최후의 아이보>는 [무엇]에 관한 이야기이다.
- 이는 [장면 1]과 [장면 2]에서 드러난다.
- 결국 이 텍스트는 우리에게 [질문]을 던진다.

400

4 본론 쓰기

··· 본론 쓰기의 원칙

서론의 역할이 비평의 시각과 서술방향을 예고하는 것이라면, 본론의 역할은 예고된 서술방향을 상세하게 전개하는 것이다. 서론의 유형에 따라 조금씩 차이가 있지만, 서술방향 예고와 그 세부 전개라는 기본적인 틀을 준수하며 비평문을 작성하면 된다. 서론에서 제시된 비평문의 관점을 독자가 받아들일 수 있도록 근거를 제시하는 것이 본론의 역할이다.

앞서 배운 비평의 3요소를 적용해보면, 평가의 토대가 되는 분석과 해석이 가장 비중 있게 제시되어야 할 곳이 본론이라 할 수 있다. 일반적으로 논증문을 주장(claim)과 이유(reason), 근거(evidence)로 나누고 본론에서 이유와 근거를 상술하는 것처럼, 비평문의 본론에서도 자신의 해석이 어떠한 분석을 통해 이루어진 것인지 자세히 적어주어야 한다.

소설의 경우 인물의 행동과 그들의 관계, 사건 등이 주된 분석 대상이다. 서론에서 언급한 작품의 기본적인 정보와 개요에 더하여 분석한 바를 바탕으로 구체적인 장면을 근거로 제시한다. 해당 장면을 다른 장면과 대조하기, 동일한 의미로 계열화할 수 있는 장면 나열하기, 장면을 통해 인물의 의도와 욕망을 설명하기 등이 방법이다. 해당하는 장면들의 출처 쪽수를 밝혀주고, 중요하거나 강조하고 싶은 부분이라면 직접인용한다. 이는 서론에서 인상적인 장면을 제시하는 부분의 작성방법과 동일하다.

예시 4

이를 단적으로 보여주는 장면이 엑스포넨셜 사와 애나의 미팅이다. 회사의 담당자 피어슨은 애나가 데려온 잭스의 성취에 놀라워하면서도, 그것의 한계를 분명히 했다. 그에 의하면 애나는 "디지언트들에게 너무 많은 애정을 쏟아부은 탓에 당사자들도 자기가 인간이라고 생각"(233쪽)하게 만든 것에 불과하다. 엑스포넨셜 사의 관심은 "초인적인 지성을 갖춘 고용인이 아니라 초인적인 지성을 갖춘 제품"(234쪽)을 시장에 제공하는 것이므로 그들과 애나의 관점은 평행선이다.

디지언트에 내재된 인격성의 단초를 사소한 것으로 치부하는 사례는 이처럼 작품 곳곳에 반복해서 등장한다. 디지언트의 고통회로 차단장치를 제거하고 고문하는 장면을 공중에 송출하는 정보자유전선의 테러리스트들에서, 디지언트가 얼굴을 인식하지 못해 성장하지 못하는 것을 사소하게 치부하는 동전얼굴 아바타 사용자에 이르기까지 유형도 다양하다.

예시 4는 서론에서 제시한 어떤 주장을 뒷받침하고 있다. 첫 번째 문단에서 주장을 뒷받침하는 구체적인 장면으로서 엑스포넨셜 사와 애나의 미팅을 제시하고, 쪽수와 함께 작품의 내용을 직접인용하고 있다. 두 번째 문단은 그와 비슷한 사례들, 즉 "디지언트에 내재된 인격성의 단초를 사소한 것으로 치부하는 사례들"이다. <소프트웨어 객체의 생애 주기>의 핵심문제에 대해 계열화할 수 있는 구체적인 장면을 인용하고 나열하는 방식으로 서론에서 제시된 관점을 뒷받침하는 근거를 제시하고 있다.

··· 비교와 대조의 방법

분석 대상을 나열하고 인용하되, 비교와 대조를 부각시켜 서술하는 것도 본론에서 활용할 수 있는 효과적인 방법이다. 일반적으로 텍스트는 대립되는 두 가치를 내포하게 되며, 이러한 대립이 극명한 텍스트도 적지 않다. 권선징악의 이야기는 선과 악을 대립키며, 노동운동 이야기는 노동자와 자본가를 대립시킨다. 삶의 허망함을 그리는 이야기는 충만한 삶을 살아가는 인물을 함께 보여주기 마련이다. 이처럼 텍스트의 핵심적인 가치 대립을 포착할 수 있다면, 이를 강조하여 본론을 서술하는 방법을 채택하는 것이 좋다.

이 방법으로 본론을 서술하려면, 대립하는 가치와 그것이 나타나는 구체적 세부사항을 비교, 대조하는 문단을 구성하게 된다. 이때 대상별로 한 문단씩 할애하여 대립하는 가치와 세부사항을 분석할 수도 있다(대상별 비교). 예를 들어 첫 번째 문단에서는 인물 A의 행동 a와 취향 b를 분석하고, 두 번째 문단에서는 인물 B의 행동 a'와 취향 b'를 분석하는 방법이다.

또는 비교의 기준에 따라 각각의 세부사항 분석을 여러 문단에 걸쳐 제시하는 방법도 있다(기준별 비교). 이 경우 한 문단에 대립하는 가치의 세부사항을 짝을 이루어 제시하게 된다. 예를 들어 첫 번째 문단에서는 인물 A의 행동 a와 인물 B의 행동 a'를 대조한 뒤, 두 번째 문단에서는 인물 A의 취향 b와 인물 B의 취향 b'를 대조하는 방법이다. 어느 방법이 적절한지는 자신이 분석한 근거와 글의 분량을 고려하여 전략적으로 판단하면 된다.

예시 5

둘의 차이는 디지언트에게 도전적인 숙제를 부과하는 것에서 단적으로 드러난다. 애나는 디지언트가 즐거워하며 자발적으로 할 수 있는 활동을 하기를 바라는 반면, 데릭은 그들이 잠재력을 발휘할 수 있도록 책임감을 심어줄 필요가 있다고 본다(171-172쪽).

이것은 어쩌면 각자의 직업적 특성에서 비롯되는지도 모른다. 사육사 출신인 애나는, 비록 자신은 아니라고 해도 디지언트를 동물과 비슷한 존재로 생각하는 모습을 자주 보여준다. 데릭은 아바타 디자이너로서, 디지언트가 너무 사실적이지도 않고, 그렇다고 아예 만화 속 존재처럼 보이지도 않도록 외양을 조정하는 제3의 길을 걷는 듯 보인다.

이는 결국 디지언트와의 관계에 대한 궁극적인 태도 차이로도 이어진다. 디지언트에 대한 보호 성향이 강한 애나가 자신에 대한 화학 조작마저도 감수하려는 것과 달리, 데릭에게 디지언트는 소중한 존재일지언정 그 애정은 애나에게 보내는 것 이상이 될 수는 없었다.

예시 5는 애나와 데릭을 대조하기 위해 세부사항 분석을 여러 문단에 걸쳐 제시하고 있다(기준별 비교). 첫 문단에서는 숙제에 대한 태도의 차이, 두 번째 문단에서는 직업에 따른 차이, 마지막 문단에서는 디지언트와의 관계에서의 우선순위의 차이가 서술된다. 각 차이점이 현상-원인-결과라는 틀 속에서 서술되고 있으므로 이 방법이 보다 효과적이다. 만약 애니와 데릭에 대해 각각 한 문단씩 할

애하여 대상별로 비교한다면, 현상-원인-결과로 이어지는 설득력이 감소할 가능성이 크다. 비교와 대조 및 그 세부사항의 서술방식 또한 나의 주장에 적합한 것을 선택할 필요가 있다.

가치 대립은 보통 서술자나 인물의 대사를 통해 직접 언급된다. 주인공은 '정의'라는 단어를, 악당이 '우연'이라는 말을 자주 언급한다면, 이는 작가가 두 인물의 대립을 보여주기 위해 의도적으로 어휘를 대조시킨 것이다. 또 인물의 행동이나 그가 겪는 사건을 통해 추상적으로 추론할 수도 있다. 어떤 이야기에서 확률을 믿는 사람은 고통받고, 신앙을 가진 사람은 승승장구한다면, 이야기는 종교적 신념의 가치를 중요하게 제시하는 것이다. 아예 날씨나 색깔, 장소 등으로 제시되는 수도 있다. 영화와 같은 시각장르에서 사랑에 성공한 커플은 파란 옷을 입고 바다에서 키스하며, 파국에 이른 커플은 붉은 액세서리를 하고 노을을 뒤로 헤어지는 미장센이 그 예가 될 것이다. 이러한 예들을 참조하여 여러 분석 대상들로 시야를 넓히어 비교와 대조의 기법을 활용할 수 있다.

… 예상되는 반박을 고려한 재반박 삽입

분석에서 해석에 이르는 과정에서는 비평문의 저자의 관점이 개입하게 됨을 앞서 살펴보았다. 오히려 좋은 텍스트는 이를 장려하는 측면도 있다. 해석이 지나치게 쉽고 획일적이라면, 텍스트로서의 수명과 가치가 줄어들기 때문이다. 그런데 비판적, 창조적 관점으로 텍스트를 읽는 것은 결국 기존의 자동화되고 일상적인 관점과 반대되는 해석을 제시하는 것이므로, 비평문을 읽는 어떤 독자에게는 의문을 불러일으킬 수 있다.

이때 예상되는 반박을 생각하여 그 요점을 언급한 뒤, 그것을 다시 반박하는 내용을 삽입하면 된다. 이 방법은 자신의 해석이 지닌 한계를 보여줌과 동시에, 그 한계 위에서 합리적으로 성립될 수 있는 주장임을 거듭 확인해줌으로써 비평문의 설득력을 높여준다. 주요 표현은 다음과 같다.

예시 6

물론 이러한 해석은 인물 A의 관점에서는 부당하게 느껴질 수 있다. 그러나 우리가 감정이입하는 인물 B의 관점에서 보면 훨씬 납득가는 해석이다.

이것은 텍스트의 초반부에 한정된 해석이기는 하다. 그러나 결말의 한계를 고려하면, 이 초반부가 제기하는 문제야말로 우리가 특히 주목해야 할 부분이다.

일정 부분 해석에 비약이 필요한 것도 사실이다. 하지만 이 비약을 채울 만한 단서가 없으므로, 여기서는 사건이 벌어졌다고 가정하고 서술하기로 한다.

예시의 주요표현은 모두 예상되는 반박의 요지를 제시한 뒤, 그 내용에도 불구하고 자신의 주장이 타당하거나, 상대적으로 가치 있거나, 혹은 불가피함을 주장하고 있다. 어떠한 재반박이 효과적인지는 저자의 관점과 비평문의 맥락에 따라 결정된다. 단 전개되는 내용상 제기될 수 있는 '유의미한 비판'을 언급한 뒤 그것을 재반박하도록 한다. 그러지 않으면 형식적인 재반박에 그치게 된다.

예시 7

물론 이러한 추측은 <소프트웨어 객체의 생애 주기>에서 보여준 유저그룹의 헌신을 생각하면 다소 비약적으로 느껴질 수 있다. 그러나 디지언트와 개를 비교하는 작중 서술에서 보이듯, 유저그룹 또한 생명이 있는 존재와 그렇지 않은 존재의 엄연한 위계질서를 인식하고 있다는 점은 특히 중요하다. 작품의 결말 이후 이어질 데릭과 애나의 일상이 애나의 상상과 희망 이상으로 부정적일 것이라는 예상이 보다 설득력을 지닌다.

가령 <소프트웨어 객체의 생애 주기>의 결말은 애나가 상상하는 미래의 모습을 볼 때 크게 비극적으로 보기 어려우나, 예시 7은 텍스트를 통해 알 수 있는 사람들의 차등적 인식을 근거로 이들의 이후 삶이 부정적일 것이라고 예상하고 있다. 이것은 작품의 결을 거슬러 읽는 해석이므로, 제기될 수 있는 '유의미한 비판'에 해당한다. 따라서 예시와 같이 그것을 재반박하는 문단을 삽입함으로써 비평문의 설득력을 높이는 것이 좋다.

물론 재반박을 삽입한다고 비약적인 해석이나 논리적 결함이 모두 해소되는 것은 아니다. 그러나 일정한 관점 아래에서 결을 거슬러 읽거나, 틈을 채워 읽는 일이 빈번한 비평문의 특성을 고려한다면, 적절한 시점에 재반박을 삽입하는 것은 효과적인 본론 작성 전략이 될 수 있을 것이다.

연습문제 4

연습문제 2에 수록된 <최후의 아이보>에 대한 비평문을 작성하려고 한다. 본론에서 '텍스트는 인공지능이 사회적 죽음에서 인간과 같은 행위 주체가 될 수 있음을 보여준다'고 주장하고자 하는데, 다음과 같은 반박이 예상된다.

반박 1. 텍스트에 아이보가 유언의 증인 자격이 있다는 명시적 증거가 없다.
반박 2. 유언의 증인이 되는 것이 인간과 같은 행위 주체가 되는 것은 아니다.

두 반박 중 하나를 선택하여 재반박 문단을 작성해 보자. (300자 내외)

400

5 결론 쓰기

··· 결론 쓰기의 원칙

결론에서는 서론과 본론에서 수행된 분석과 해석을 종합하여 평가를 내려야 한다. 일반적으로 결론에서는 서론과 본론을 통해 전개한 내용을 정리, 요약, 강조하면서 글을 종결하지만, 비평문에서는 이에 더하여 연관된 다른 텍스트나 콘텍스트를 환기해주는 것이 앞서 살펴본 평가의 방법에 부합한다.

기본적으로는 텍스트가 다른 텍스트와 비교해 독자적이거나 상대적으로 우수한 가치를 환기하게 된다. 텍스트의 주제, 구성, 문제의식, 형상화의 수준 등에서 탁월한 점이 있다면 이를 거듭 확인해줄 필요가 있다. 나아가 텍스트가 콘텍스트, 특히 비평이 이루어지는 현재의 관점에서 독자에게 어떤 의미를 주어 가치 있는 텍스트가 되는 것인지를 정확히 서술해준다.

또 본론에서의 해석이 무엇을 뜻하는 것인지, 그래서 텍스트의 가치나 의의를 가늠할 수 있다면 어떠한 기준에서 그러하다는 것인지, 그러한 인식을 바탕으로 비평문의 독자가 더 생각하거나 행동해야 할 점이 있다면 무엇인지 등의 의문에 최대한 명확히 답하는 것이 좋다.

이 과정에서 서론과 본론과 다른 관점이나 논점을 제기해서는 안 된다. 결론은 어디까지나 서론과 본론을 통해 도출할 수 있는 내용을 환기하고 강조하는 것임을 유의해야 한다. 결론을 작성할 때 전혀 다른 논점을 제기하여 비평문의 통일성을 훼손하지 않도록 주의한다.

예시 8

지금까지 <소프트웨어 객체의 생애 주기>에 나타난 AI와의 감정교류의 문제를 살펴보았다. 마르코와 폴로의 자발적 결정이 보여주듯, 스스로 생각하고 의지를 가지는 존재의 감정은 그 자체로 존중될 필요가 있다. 감정교류는 교류하는 대상의 주체성을 인정하는 상징적 행위인 것이다. <소프트웨어 객체의 생애 주기>는 앞으로 발생할 수많은 인공존재들과의 상호작용에 내재한 윤리적 문제를 고민하게 하고, 그 속에서 바람직한 상호작용의 형태를 제시한다는 점에서 오늘날 특히 가치 있는 작품이라 할 수 있다.

··· 인용하기, 텍스트 패러디하기

서론에서 인상적인 장면을 인용했다면, 결론에서는 텍스트 외부에서 인용할 내용을 탐색해보는 것도 좋다. 평가 혹은 한계 지적이라는 결론의 기본적인 내용을 유지하면서, 그 주장을 뒷받침해줄 수 있는 자료를 언급해두는 방식이다.

독자가 관심을 가질 만한 명언이나 경구, 콘텍스트를 환기하는 통계나 보도기사, 텍스트의 저자에 대한 종합적 평가를 도와줄 만한 곁텍스트들, 작성한 내용과 직결되는 논문이나 보고서 등이 인용대상이 된다.

한편 텍스트의 표현을 변형하는 패러디도 비평문의 결론을 장식하는 한 방법이 될 수 있다. 텍스트의 중심적인 메세지나 반복되는 핵심 대사 등을 변형하여 마무리한다. 예를 들어 “경험은 최고의 교사다”라는 <소프트웨어 객체의 생애 주기>의 핵심 대사를, “오늘날에는 체험이야말로 최고의 교사다”라고 비틀어 표현하는 것이 한 방법이 될 수 있다. 이것은 텍스트에 대한 이해와, 평가에 관여되는 콘텍스트에 대한 이해가 모두 충분해야 제대로 제시할 수 있는 결론쓰기 방법이다.

··· 질문으로 마무리하기

질문을 던지는 것이 서론의 효과적인 작성 방법이듯, 결론에서도 질문을 활용할 수 있다. 서론과 달리 답을 제시할 글의 나머지 부분이 없으므로, 질문은 앞선 내용을 통해 명확하게 답을 내릴 수 있는 형태여야 한다. 앞서 결론에서는 새로운 논점이나 관점을 제기해서는 안 된다고 했는데, 논점의 자연스러운 '연장선'을 제시하며 질문을 던지는 이 방법이 유일한 예외에 속한다. 비평문을 읽어 충분히 답을 추론할 수 있는 질문으로 마무리함으로써 비평문의 독자에게 여운을 남길 수 있다.

이 방법을 활용할 경우, 본론의 논점을 받아들인 후 특정 문제에 대해서 비평문의 독자가 떠올릴 수 있는 명확한 방향을 확인하는 것으로 비평문을 마무리하면 된다. 예를 들어 대립하는 가치 A와 B로 구성된 텍스트를 해석한 뒤 본론에서 A가 텍스트의 주제에 부합함을 보여주었다면, 결론에서 A와 B 가운데 무엇을 비평문의 독자가 받아들여야 하는지 질문할 경우 답은 명확하다. 결론의 단초가 본론에서 이미 제시되었기 때문이다. 이때 A와 B를 반복하기보다는, A'와 B'로 패러프레이징하여 글의 전체적인 완성도를 높이는 것이 좋다.

예시 9

지금까지 <소프트웨어 객체의 생애 주기>에 나타난 AI와의 감정교류의 문제를 살펴보았다. 스스로 생각하고 의지를 가지는 존재의 감정을 우리는 어떻게 대해야 하는가? AI들의 감정을 존중해주어야 한다고 말하기는 쉽다. 그러나 마르코와 폴로가 바이너리 디자이어사에 스스로를 판매해도 좋다고 말할 때, '존중'의 어려움이 비로소 드러난다. 그러므로 작품이 우리에게 던지는 질문은 다음과 같이 바뀌어야 한다. '만약 이들이 스스로를 망치려 든다면, 그 욕구 또한 존중해주어야 한단 말인가?'라고.

예시 9는 구체적인 질문으로 글을 마무리하는 결론 문단이다. 비평문의 저자는, 비평문의 독자가 "만약 이들이 스스로를 망치려 든다면, 그 욕구 또한 존중해주어야 한단 말인가?"라는 질문에 답할 수 있는 근거를 충분히 제시해주어야 한다. 즉, 예시 9의 경우 'AI의 감정이 스스로를 망치려는 것일 때에도 그 욕구를 존중해주어야 한다'라는 입장 A와 'AI의 감정이 스스로를 망치려는 것일 때에는 그 욕구를 존중하는 것이 적절하지 않다'라는 입장 B를 본문에서 다루고, A와 B 가운데 무엇이 더 합당함을 텍스트가 보여주는지 판단할 수 있는 근거 또한 다루어주어야 한다.

··· 고쳐쓰기와 문단의 능동적 재구성

결론을 작성하고 나면 마지막으로 퇴고해보는 것이 좋다. 글을 완성한 뒤 고쳐씀으로써 오류를 잡아내고 놓치기 쉬운 개선점을 발견하여 전체적인 완성도를 높일 수 있다. 지금까지 제시된 서론, 본론, 결론의 작성원칙을 준수하며 썼는지 거듭 점검해본다.

마지막으로 지적해둘 점이 있다. 지금까지 살펴본 서론-본론-결론의 서술방식은 대표적인 예를 제시한 것일 뿐, 해당 문단에 들어가야 할 절대적인 기준은 아니다. 가령 본론의 '재반박 삽입'은 전후 내용에 따라 결론에 들어가도 어색하지 않다. 서론의 '질문 던지기'나 '콘텍스트 환기하기'는 그러한 내용을 본론 중간중간에 반복해서 삽입하면 효과적인 서술방법이 되기도 한다. 따라서 자신의 비평적 관점과 핵심 주장을 기준으로 문단별 내용을 능동적으로 검토하여 퇴고한다면, 보다 설득력 있는 비평문을 완성할 수 있을 것이다.

다음은 학습한 내용을 바탕으로 작성할 수 있는 비평문 구성의 예이다. 예를 참고하여 내가 이해하고 구상한 내용을 바탕으로 텍스트를 어떻게 비평할 수 있을 것인지 적절한 개요를 모색해보도록 한다.

- 서론에서 인상적인 장면을 제시한 뒤, 본론에서 해당 장면을 다른 장면과 대조한다. 결론에서는 대조를 통해 확인한 텍스트의 의미가 현대 독자에게 지니는 의미를 짚어준다.

- 서론에서 콘텍스트와 작품의 내용을 연결한 뒤, 본론에서 동일한 의미로 계열화할 수 있는 장면을 나열한다. 이때 예상되는 반박을 고려한 재반박을 삽입한다. 결론에서는 주장한 바를 토대로 내릴 수 있는 결론을 질문의 형태로 제시하여 비평문을 마무리한다.
- 서론에서 질문을 던지는 것으로 시작한 뒤, 근거가 될 만한 장면을 구체적으로 제시하면서 인물의 의도와 욕망을 설명한다. 이러한 해석을 바탕으로 서론에서 던진 질문에 대한 답을 제시하고, 이를 텍스트를 패러디한 표현으로 다시 한 번 강조한다.

연습문제 5

다음은 테드 창의 중편소설 <소프트웨어 객체의 생애 주기>에 대한 비평문이다. 이 글의 서론, 본론, 결론에서 어떤 방법이 활용되었는지 분석하고, 본론을 다른 방법으로 서술해 보자.

<소프트웨어 객체의 생애 주기> 속 디지언트의 특징은 경험을 통한 성장이다. 이것은 블루감마 사의 모토이기도 하다. 그런데 꼭 좋은 경험만 있지는 않다. 정보자유전선을 통해 배포된 성적 동영상을 본 잭스가 피리를 활용해 성적 행동을 흉내내는 장면만 보아도 그렇다(150쪽). 더구나 디지언트는 훈련과정에서 사육사가 무심코 내뱉은 욕설을 바로 따라하기도 한다. 누군가는 유튜브로 학습하여 비속어를 쉴 새 없이 내뱉는 소위 '잼민이' 생성형 AI를 떠올릴지도 모른다. 'Garbage in, Garbage out'인 셈이다. 그러면 좋은 것만 보고 배우며, 좋은 성장만 할 수 있을까? <소프트웨어 객체의 생애 주기>는 그렇지 않다고 말한다.

좋은 것을 학습해서 좋은 성장을 할 수 있다는 믿음 아래, 블루감마 사는 문제가 생길 때마다 디지언트를 일정 시점으로 되돌리는 '롤백'을 몇 번이나 반복했다. 완벽한 상품을 출시하기 위해서였다. 그러나 이 '롤백'을 언제까지나 할 수는 없다는 점은 분명했다. 한 예로 폴로와 마르코가 다투고 난 뒤 기억을 되돌려줄 것을 요청하자, 데릭은 이를 한사코 거부했다. 그에게는 부정적이거나 받아들이기 어려운 일이라도 "받아들이고 사는 수밖에 없"(159쪽)다는 점을 이해하는 것이 중요했던 것이다.

경험이 최고의 교사라는 블루감마 사의 모토에 부정적인 경험이 빠질 이유는 없다. 그것은 아마 불가능할 것이다. 작품에서 리얼 스페이스로 유저들이 이주하면서, 블루감마 사의 서비스가 종료된 뉴로블래스트 계열의 디지언트는 황폐한 디지털 대륙에서 살아갈 수밖에 없었다. 그로 인한 유일한 이점은 디지언트가 "사회라는 세계의 어두운 면으로부터 안전해졌다는 점"(187쪽)이라고 하지만, 뒤집어 말하면 사회로부터 격리되어 그 어떤 자극도 받지 못한다는 뜻이 된다. 실제로 텅 빈 데이터 어스에서 디지언트의 상호작용을 어떻게 할지가 유저그룹의 가장 큰 고민이었다.

나에게 필요한 좋은 것만 남기는, 극단적으로 보호되는 삶 아래에서 “성숙하는 날은 결코 오지 않”(240쪽)는다. 경험은 최고의 교사다. 나쁜 경험도 교사인가? 물론 그렇다. 나에게 위협이 될 만한 부정적 자극을 무조건 피하는 현대사회의 세태 속에서 작품의 가르침은 매우 소중하다. (1099자)

참고문헌

조은주. 2023. 「근대시에 나타난 '진달래꽃' 모티프와 그 의미」. 『한국민족문화』 (84), 33-68.

테드 창. 2019. <소프트웨어 객체의 생애 주기>. 『숨』. 김상훈 역. 서울: 엘리.

제2장

소논문 쓰기

1 소논문의 이해

··· 학술적 글쓰기와 소논문

소논문이란 학술지에 실리는 학술논문이나 학위 취득을 위해 작성하는 학위논문에 비해, 수행하는 연구 규모가 작고 분량이 적은 논문을 가리킨다. 소논문은 흔히 대학 수업의 과제물로 많이 쓰인다. 본격적인 연구논문이 아니더라도 그에 준하는 형식성, 논리성을 요구하므로 연구에 필요한 역량을 기르고 학술적 글쓰기를 연마하는 데 적합하기 때문이다.

소논문에서는 정보와 지식에 대한 단순 정리가 아니라 저자의 견해 및 주장에 대한 진술이 이루어져야 한다. 그 진술은 주관적인 생각이나 감정의 표현이 아니라 객관적인 근거와 형식적 체계를 갖춘 논설이어야 한다. 소논문은 말 그대로 논문에 값하는 글이다. 이러한 점에서 다음과 같은 서술은 소논문에 어울리지 않는다.

AI에 의한 일자리 감소 문제가 상당히 심각하다는 느낌이다.
인구의 서울 집중 문제가 해결되면 좋겠다.

소논문은 느낌을 전달하거나 개인적 기호 또는 바람을 드러내는 글이 아니다.

소논문은 객관적 타당성을 추구하는 글로서 보편적 이해와 인정을 확보하기 위해 작성된다. 다수의 사람이 그 주장을 합리적인 견해로 용인할 수 있도록 설득력을 갖춰야 한다.

문예적 매력은 소논문의 필수 요소가 아니다. 비평문, 칼럼 등에서는 독자의 눈길을 사로잡는 금상첨화의 요소가 될 수 있으나, 소논문에서는 그렇지 않다. 소논문 작성 시 중요한 것은 성실함, 진지함, 논리정연함이다.

소논문 작성은 경험, 사유, 통찰, 조사, 연구 등을 통해 탐색한 주제를 성실하고 진지한 태도로 논리정연하게 풀어내며 견해 및 주장에 학술적 가치를 부여하는 일이라고 할 수 있다. 학술적 역량을 함양하는 것을 목적으로 하는 소논문 작성에서 학술성은 중요한 요소 중 하나이다. 이는 주제에 대해 깊이 있고 남다른 관점으로 접근하면서, 전문적인 연구 성과 및 객관적인 자료를 찾아보고, 필요한 내용을 참고해 논의를 전개하며, 살펴본 자료의 출처를 적절한 형태로 정리해 밝힘으로써 갖출 수 있다. 이러한 점에서 소논문을 쓸 때는 자료 수집과 선행연구 검토, 그에 뒤따른 주석과 참고문헌 작성이 필수적이다.

··· 문제해결적 글쓰기와 소논문

소논문에서는 새로운 발견의 과정과 그 결과를 보여줄 수도 있고, 쟁점이 있는 사안을 다루며 입장을 표명할 수도 있다. 기왕의 관점과 방법론에 문제를 제기하고 대안적인 관점 및 방법론을 내놓거나 특정 문제를 거론해 그 해결 방안을 제시하는 내용 또한 소논문에서 자주 찾아볼 수 있다. 어떠한 양상을 띠든 소논문은 문제의식을 가지고, 다룰 필요와 가치가 있는 주제를 포착해, 그에 대한 자신의 견해를 논리적으로 펼치며, 독자의 동의를 구하는 글이다. 그러면서 논문의 형식성을 갖추고 있는 글이다. 다시 말해 소논문이란 문제를 제기하고 그 문제를 해결하는 과정을 논문이라는 틀 안에 담아낸 글이라고 할 수 있다. 이러한 측면에서 소논문 작성을 문제해결적 글쓰기라고 하기도 한다.

연습문제 1

● 다음 글들이 소논문에 해당하지 않는 이유를 설명해 보자

① 최근 발생한 해킹 사고에 대한 사실 정보들을 수집하여 정리한 글

② 웹소설 작품 선택 기준에 대한 연구논문의 주요 내용을 요약한 글

③ 공연 관람권의 불법 예매 근절을 위한 기존 해결 방안들을 검토한 글

2 주제 선정

··· 주제 탐색

소논문을 쓰기 위해 가장 먼저 할 일은 주제를 정하는 것이다. 주제 선정 과정은 "무엇을 쓸까?"라는 물음에 답을 제시하는 과정이라고 할 수 있다. 이 질문에 대해 처음부터 안성맞춤인 답을 내기는 쉽지 않다. 소논문에서 다루기에 적절한 주제를 한 번에 생각해 낼 수도 있지만 그렇지 않을 수도 있다. 우선 관심이 가는 대상을 정하고, 대상과 관련하여 머릿속에 떠오르는 질문을 찬찬히 따져 보면서 소논문을 작성하는 데 알맞은 주제를 찾아나가면 된다.

예를 들어 '디지털 사회'에 관한 관심으로부터 주제 탐색을 시작한다고 가정해 보자. 다음과 같은 질문이 떠오를 수 있다.

디지털 사회는 어떠한 사회인가?

위 질문에 답하는 내용은 소논문으로 쓰기에 적당한가? 바꿔 말해 '디지털 사회의 면모와 특징'은 소논문 주제로 적절한가? 이는 디지털 사회와 관련한 주제를 탐색하거나 자료를 조사하는 단계에서 살펴볼 법한 내용이나, 소논문의 주제로는 부적절하다. 소논문에서 다루기에는 논의 범위가 지나치게 넓다. 논의 범위를 좁힐 수 있는 질문을 떠올려 보자.

사회 전반의 디지털 기반 확대는 어떠한 문제를 초래하고 있는가?

위 질문은 사회 전반에 걸쳐 디지털 기반의 확대가 진행되고 있다는 점에 주목하는 데 더해, 그것이 우리 삶에 끼치는 영향 가운데 부정적인 측면에 초점을 맞추고 있음을 드러내고 있다. 디지털 사회에 대한 일반론이 답으로 제시되리라 예상되는 앞의 질문과 견주어 볼 때, 더 좁은 범위를 대상으로 한 고찰을 요구하는 질문이다. 주제 탐색에 진척이 있다고 할 수 있다. 그러나 디지털 기반 확대가 초래한 문제가 다양한 측면에서 제기될 수 있다는 점에서, 논의 범위가 여전히 넓은 편이다. 다루고자 하는 대상을 더 구체화할 필요가 있다.

사회 전반의 디지털 기반 확대에 따른 디지털 쓰레기 문제와 그 해결 방안은 무엇인가?

위 질문에서는 디지털 쓰레기 문제에 주목한 점이 눈길을 끈다. 사회 전반의 디지털 기반 확대라는 전제 아래 디지털 쓰레기 문제라는 특정 문제를 분석하고 그 해결 방안을 탐구하고자 하는 의도가 드러나 있다. 논의 대상과 관련한 문제에 주목하여 그것을 해결하고자 하는 문제의식이 관찰된다는 점에서, 주제 탐색이 본격적인 궤도에 올랐다고 할 수 있다.

관심 있는 대상의 특정한 범위, 유형, 측면에 주목하면, 주제 선정에 쉽게 다가갈 수 있다. 예를 들어 환경 문제를 다룬다고 하자. 그다음에 고민해야 할 것은 '환경 문제 중 무엇에 주목할 것인가'이다. 수질 오염을 선택했다고 하자. 이어서 생각해 볼 점은 공업 폐수나 미세플라스틱 같은 원인에 집중할 것인가, 서울의 식수원이나 영산강 같은 특정 권역에 한정해 논할 것인가, 생태계 파괴나 경제적 손실과 같은 영향을 중점적으로 다룰 것인가 등이다. 이들 질문은 주제 탐색의 선택지 역할을 한다. 선택지를 검토하고 그중 한 가지를 정하는 과정을 통해 주제를 구체화할 수 있다. 그 과정이 마무리되면, 예컨대 '미세플라스틱과 합성머스크화합물로 인한 한강 하구 생태계 위기 문제와 그 해결 방안'과 같은 주제에 이를 수 있을 것이다.

… 비판적 · 창의적 관점의 필요성

소논문 주제를 정할 때 고려해야 할 주요 사항 가운데 하나는 날카로우면서도 남다른 시선, 즉 비판적이고 창의적인 관점으로 논의 대상에 접근해야 한다는 점이다. 앞서 말했듯이 소논문은 기존의 학설, 연구, 정보에 대한 정리나 설명보다는 저자의 발견, 해석, 주장, 제안을 중심에 두는 글쓰기이다. 소논문에는 저자가 제시하는 '새로운 점'이 있어야 한다.

이 '새로운 점'에는 아무도 관심을 기울이지 않은 대상, 아무도 시도하지 않은 방법, 아무도 다루지 않은 내용만 포함되는 것이 아니다. 과거에 거론되었으나 충분히 논의되지 않았다고 생각하는 것, 기왕에 다루어졌으나 다른 시각에서 접근하면 새로운 점이 발견되는 것도 포함된다. 기존의 견해를 확장하거나 재해석하는 논의도 가능하다. "이 소논문의 '새로운 점'은 무엇인가?"라는 질문을 스스로에게 던졌을 때 "이것이다."라고 명확하게 답할 수 있으면 된다.

'새로운 점'을 논하기 위해서는 새롭지 않은 점, 다시 말해 지금껏 논의된 바에 대한 정보와 지식을 갖추고 있는 것이 중요하다. 이미 널리 알려진 것은 애써 논할 필요가 없다. 소논문 작성이 무용한 일이 되지 않도록 공표되어 공유되고 있는 정보와 지식의 양상을 적절하게 헤아려 보아야 한다. 이러한 점에서 관심 분야의 개론서, 일반적인 정보를 개괄하거나 공론장의 의견을 정리한 자료를 살펴보는 것은 의미가 있다.

'새로운 점'을 포착하는 데에는 당연하다고 생각하는 것을 의심해 보기, 중요하지 않다고 여겨지는 것을 중요하다고 생각해 보기 등과 같은 사고의 전환이 도움이 된다. 옳고 바르다고 여기는 것, 이미 알고 있다고 생각하는 것에 질문을 던지고 답을 찾는 가운데 인간의 지식과 지혜가 발전해 왔다는 점을 고려할 때 이는 소논문 작성을 비롯한 학술 활동의 요체라고 할 수 있다. 이러한 사고의 전환에 필요한 전제가 있다. 바로 현재 당연하고 중요하게 여겨지는 것과 그렇지 않은 것에 대한 이해와 숙고이다. 통념, 일반론, 주류의 견해를 제대로 파악하고 있어야 그에 대한 문제 제기도 유의미한 시도가 될 수 있다.

요컨대 논의 대상이 구체적인 데 더해, 비판적 고찰에 기반한 문제의식이 예리하고 창의적일수록 좋은 주제라고 할 수 있다. 좋은 주제여야 자신의 글에 대해 자신감이 생긴다. 글에 대한 자기 확신은 독자를 설득하는 힘으로 이어진다. 결국 좋은 주제를 선정해야 높은 성취감을 얻을 수 있는 소논문을 쓸 수 있는 것이다.

여기에 한 가지 유념할 사항이 있다. 감당할 수 있는 주제를 선정해야 한다는 점이다. 소논문의 주제는 주어진 시간 내 학습활동을 수행한 결과, 유의미한 성과를 낼 수 있는 것이어야 한다. 소논문의 분량, 소논문 작성 과정에 할애할 수 있는 시간, 활용 가능한 도구나 설비 등과 함께 역량에 대한 고려가 필요하다.

… 주제 선정과 주제문 작성

비판적 · 창의적 관점을 비롯한 여러 고려 사항을 염두에 두고, 앞에서 살펴본 질문 "사회 전반의 디지털 기반 확대에 따른 디지털 쓰레기 문제와 그 해결 방안은 무엇인가?"를 실마리 삼아 소논문 주제를 정해 보자. 이 과정에서 나타날 수 있는 사고의 흐름을 예시하면 다음과 같다.

디지털 TV, 디지털 콘텐츠, 디지털 자산, 디지털 경영 등 우리는 디지털이라는 말을 많이 듣고 쓴다. 그런데 그 이면에 디지털 쓰레기가 존재한다는 사실을 간과하기 십상이다. 쓰임새를 다한 디지털 제품 등 물리적 폐기물이 유발하는 문제는 그나마 논의가 이루어지고 있는 편이다. 그와 달리, 불필요한 데이터 등 무형의 디지털 쓰레기가 야기하는 문제에 대한 관심은 높지 않은 상황이다. 디지털 쓰레기와 관련한 에너지 낭비, 환경에의 악영향 등은 좌시할 수 없으므로 주목해 살펴보고 문제를 해결해야 한다. 디지털 쓰레기 문제의 해결을 모색하는 것은 사회적 인식 촉구가 요구되는 문제를 거론해 필요한 해법을 제시한다는 점에서 의의가 있다. 현재 생각해 볼 수 있는 해결 방안으로는 개인적 실천, 기술 개발, 기업 및 기관의 관리, 정부의 정책적 지원, 국제 협력 등이 있다. 디지털 쓰레기 문제에 관심을 가지고 소논문 주제로 고심하기 전까지 이에 대해 잘 알지 못했다는 점을 고려하면, 문제의 해결 방안이 널리 알려졌다고 하기 어렵다. 새로운 아이디어를 제시할 여지도 있다. 이렇게 볼 때 사회 전반의 디지털 기반 확대에 따른 디지털 쓰레기 문제를 지적하고 그 해결 방안을 모색하는 것은 분명 다룰 만한 주제이다. 소논문 분량이나 작성 기한을 고려해도 크게 무리 없다. 주어진 시간 동안 유의미한 결과물을 낼 수 있는 역량을 지니고 있다고 생각한다. 이에 이 주제를 가지고 소논문을 작성하기로 한다.

소논문의 주제가 정해지면 그 내용을 하나의 문장으로 나타내 보자. 예컨대 다음과 같이 작성할 수 있다. "사회 전반의 디지털 기반 확대에 따라 디지털 쓰레기 문제가 대두되고 있으므로 이 문제에 관심을 기울여 해결 방안을 모색할 필요가 있다." 이렇게 주제를 담은 하나의 문장을 '주제문'이라 한다.

이어서 해야 할 일은 자료 수집과 선행연구 검토이다. 이를 통해 주제문의 내용을 한층 구체화할 수 있을 것이다.

연습문제 2

‘생성형 AI’에 대한 관심을 바탕으로 소논문 주제를 선정하고자 한다. 몇 가지 질문을 던지면서 주제를 구체화할 것이다. 첫 번째 질문은 제시되어 있다. 첫 번째 질문에 이어지는 두 번째, 세 번째 질문을 각각 빈칸 ②, ③에 채워 보자. ①→②→③으로 진행할수록 더 구체적인 질문을 던져야 한다.

① 생성형 AI는 현재 우리 삶에 어떠한 영향을 미치고 있는가?

② ______________________________

____

③ ______________________________

____

3 자료 수집과 선행연구 검토

··· 자료 수집과 선행연구 검토의 필요성

기존 지식이나 생각만으로는 소논문을 작성하기 어렵다. 과거에 습득한 정보나 새로이 떠오른 아이디어에 더해 주제 탐구에 필요한 자료를 모으고 살펴보아야 객관성과 설득력을 갖춘 소논문을 쓸 수 있다. 자료 수집과 검토를 통해 소논문의 학술성을 입증할 수 있는 근거를 확보해야 한다. 전인미답의 분야를 개척하지 않는 이상, 자료를 조사하는 가운데 주제와 관련한 선행연구를 마주하게 된다. 염두에 둔 아이디어가 이미 선행연구에서 다뤄지지 않았는지 살펴보는 것은 이 단계의 주요한 점검 사항이다. 기존에 그 누구도 하지 않은 발상을 했다고 하더라도 그것을 구체화, 정교화하는 데에는 연관 자료를 찾아보고 선행연구를 검토하는 것이 필요하다.

자료를 수집하고 선행연구를 검토하는 과정에서 기왕의 관점과 주장, 쟁점, 연구 성과 등을 분류, 분석하거나 시간순으로 정리한 부분을 발견하면 특히 눈여겨보아야 한다. 이는 주제와 관련한 연구 논의의 전개, 성과 및 한계를 파악하는 데 상당한 도움이 될 것이다. 다만 해당 내용의 전면적인 수용 여부는 배경과 맥락을 면밀하게 따져 본 뒤 결정하자. 무조건 수용하기보다 비판적 고찰을 거쳐 참고하는 것이 바람직하다.

선행연구 검토는 소논문에 활용할 수 있는 이론, 통계, 연구 등 주요한 참고 및 인용 자료를 얻는 데 도움을 주기도 한다. 입론의 방법, 효과적인 서술 전략 등 논문의 기술 방식을 익히는 본보기로서 선행연구를 참고할 수도 있다.

··· 수집과 검토의 대상

소논문 작성 시 수집하여 검토할 자료로는 출판된 서적, 학술 저널에 실린 연구논문, 학위논문, 통계, 여론조사 결과, 기업이나 기관의 보고서와 보도 자료, 신문이나 잡지에 실린 기사와 칼럼, 방송 영상 등을 들 수 있다. 특정 현상을 살피는 논의라면 SNS나 인터넷 커뮤니티의 게시글을 조사할 수도 있다.

예외적인 상황이 있겠으나 자료를 조사해 보면 대개 적지 않은 양의 지식과 정보를 마주하게 된다. 그 면면을 무한정 살펴볼 수는 없다. 우리의 시간과 역량은 무한하지 않으므로, 적절한 시간과 역량이 '가치 있는 자료'를 살펴보는 데 쓰여야 한다.

'가치 있는 자료'로 우선 꼽을 수 있는 것은 신뢰할 만한 저자가 쓴 논저, 공신력 있는 기관에서 나온 통계와 보고서, 권위 있는 학술지에 실린 연구논문 등이다. 이와 같은 자료를 먼저 살펴볼 것을 권한다. 이러한 자료에 언급된 자료도 눈여겨보자. 한 분야의 권위자, 전문가가 인용한 자료를 살펴보면 참고할 만한 문헌이나 학술지를 가늠할 수 있다.

자료를 수집할 때 자신과 비슷한 입장을 표방하는 자료가 눈에 띄기 마련이나, 그러한 자료만 도움이 되는 것이 아니다. 상반된 견해를 설파하는 사람의 주장과 그 논거도 유용하다. 제기될 수 있는 반론을 언급하고 그 근거를 조목조목 논박하면서 그에 대한 재반론을 펼칠 때 요긴하게 쓸 수 있다. 자신의 논리를 강화하는 데 활용할 수 있는 것이다.

이른바 '가치 있는 자료'를 우선순위에 놓고 검토하면서도, 인터넷 검색에 손길이 가는 것이 현실이다. 인터넷상에서 마주하는 여러 자료 가운데 전문성, 학술성을 검증하기 어려운 자료가 상당수 있다는 점을 잘 알고 있을 것이다. 내용이 타당한가, 참고 자료로 거론하는 것이 진정 도움이 되는가, 설득력을 높이고 신빙성을 더해 주는가 등을 따져 보는 것이 필요하다. 누군가의 첨언이나 편집으로 내용이 바뀔 수 있는 형태의 자료, 생성형 AI가 제공하는 정보 등을 활용할 때는 특히 출처가 있는지, 출처가 믿을 만한지, 출처의 내용이 왜곡되지 않았는지 등을 세심하게 살펴보아야 한다.

… 자료 수집 방법

검색 서비스를 제공하는 포털사이트를 통해 필요한 정보를 찾는 방식은 널리 쓰이는 자료 수집 방법 중 하나이다. 사전적 정의, 백과사전적 지식, 관련 신문 기사 등을 검색 결과로 얻게 되는데, 그중 유의미한 자료가 없지 않다. 그러나 소논문의 학술성을 갖추는 데 필요한 학술적 논의 및 연구 성과를 폭넓게 만나기는 어렵다.

학술적 논의 및 연구 성과를 조사하기 위해서는 학술공동체 내에서 인정받는 연구 논저를 찾아보는 것이 필요하다. 현재 이러한 연구 논저를 포함한 여러 문헌 자료가 데이터베이스화되어 제공되고 있다. 국립중앙도서관(www.nl.go.kr)을 비롯하여 국회도서관(www.nanet.go.kr), 국가전자도서관(www.dlibrary.go.kr), 한국연구재단의 한국학술지인용색인(www.kci.go.kr), 한국과학기술정보연구원의 ScienceON(scienceon.kisti.re.kr), 지역 및 학교 도서관 웹사이트 등을 통해 소논문 작성 시 참고할 만한 자료를 편리하게 검색하고 검토할 수 있다.

대부분의 대학 도서관 웹사이트에서 해당 대학의 구성원으로 로그인하면 대학이 구독하는 각종 전자저널, 전자책(e-book), 학술정보제공서비스 등을 무료로 이용할 수 있다. 전 세계 학술 전자정보원을 대상으로 한 검색도 가능하다. 국내 학술지 원문을 제공하는 교보문고 스콜라, 누리미디어 DBpia, 한국학술정보 KISS, 학술교육원 e-article 등의 학술 데이터베이스 검색 서비스는 소논문 작성을 위해 자료를 수집할 때 특히 유용하다.

도서관 웹사이트의 검색창에 주제와 관련한 키워드를 입력하면 상당한 수의 자료가 검색될 것이다. 논의하고자 하는 대상이 오랫동안 세간의 화젯거리이자 수많은 연구자의 관심사였다면 더욱 그러하다. 소논문의 준비 기간이 넉넉하다면 많은 수의 자료를 폭넓게 탐독할 수 있을 것이다. 그렇지 않다면 필요한 자료를 적절하게 선별하고 우선순위를 정해 살펴봄으로써 시간과 역량을 효율적으로 활용할 필요가 있다.

검색된 자료의 수가 많아서 하나하나 내용을 확인하기 어려울 때는 더 구체적인 키워드를 입력하거나 몇 가지 키워드를 함께 입력한다. 화면에 정렬된 자료 중 다루고자 하는 주제와 밀접해 보이는 자료의 항목을 열어 본 뒤, 그 자료에 제시된 키워드를 살펴보고 활용하는 것도 좋은 방법이다.

학술지에 실린 연구논문이나 학위논문에는 초록(Abstract)이 있다. 초록은 핵심 내용을 가려 뽑은 글이다. 초록을 보면 전체적으로 꼼꼼하게 검토해야 하는 자료인지 아닌지 빠르게 판단할 수 있을 것이다.

··· 수집한 자료의 정리

자료를 수집할 때는 출처를 밝히는 데 필요한 서지사항을 함께 기록해 두는 것이 바람직하다. 서지사항은 저자명, 자료명, 발행처, 발행연도 등의 정보를 가리킨다. 누가, 무엇을, 어디서, 언제 세상에 내놓았는지 알려 주는 것이다. 소논문 작성 시 쓸 자료를 찾아 놓았는데 막상 내용을 인용하고 그 출처를 밝히고자 할 때 자료의 서지사항이 정리되어 있지 않으면, 자료를 다시 살펴 서지사항을 확인해야 하는 번거로움이 생긴다. 자료 수집 단계에서 출처 표시에 필요한 서지사항을 기록해 두면 소논문의 효율적인 작성에 도움이 된다. 예를 들어 학술 데이터베이스 검색 서비스를 통해 다음과 같은 연구논문을 찾았다고 하자.

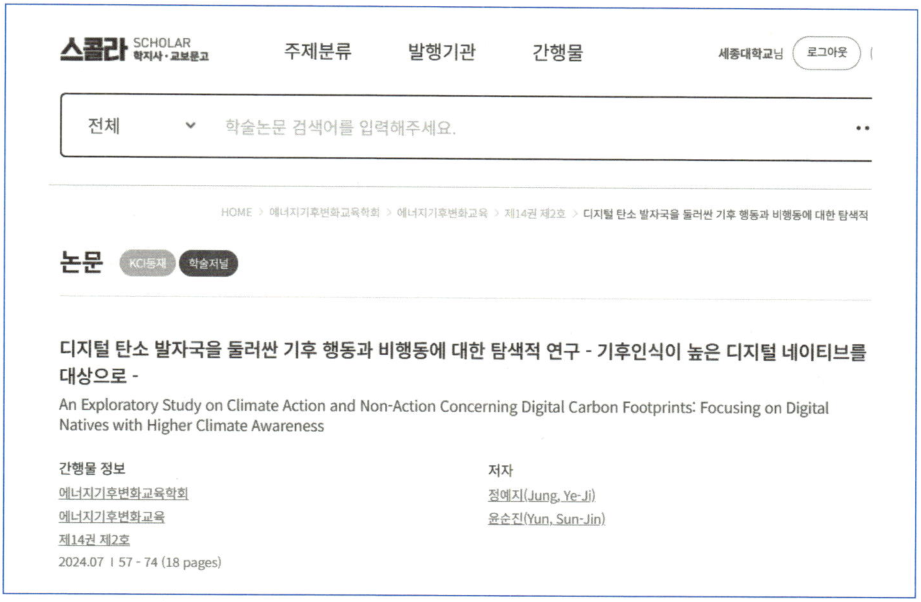

출처: 교보문고 스콜라

정리해 두어야 할 서지사항은 다음과 같다. 논문의 제목 '디지털 탄소 발자국을 둘러싼 기후 행동과 비행동에 대한 탐색적 연구 - 기후인식이 높은 디지털 네이티브를 대상으로 -', 저자 '정예지, 윤순진', 논문이 실린 학술지의 이름 '에너지기후변화교육'과 권호 정보 '제14권 제2호', 발행연도 '2024', 논문이 수록된 면수 '57-74' 등이다.

학술 데이터베이스 검색 서비스는 자료의 원문을 함께 제공하는 경우가 많다. 원문을 확인한 뒤 내용을 간략하게 요약하거나 주요 부분을 표시해 놓으면 추후 해당 자료를 다시 살펴볼 때 요긴하다. 소논문 작성에 직접적으로 활용할 만한 부분이 눈에 띄면, 해당 부분을 표시해 두거나 별도로 정리해 놓자. 자료를 검토할 때 든 생각을 메모해 두는 것도 유용하다. 이러한 작업의 가치는 구상을 마치고 소논문 집필을 시작할 때 드러난다. 성실하게 이루어진 밑 작업은 서술의 속도와 깊이에 적지 않은 영향을 미친다.

예시 1

자료의 서지사항	정예지, 윤순진. 2024.「디지털 탄소 발자국을 둘러싼 기후 행동과 비행동에 대한 탐색적 연구 - 기후인식이 높은 디지털 네이티브를 대상으로 -」.『에너지기후변화교육』14 (2), 57-74.
주요 내용	기존 기후 행동 개념에 디지털 탄소 발자국 줄이기를 추가하고 개인 일상에서의 행동 실천 변화에 대한 시사점을 도출했다. 디지털 기술 이용에 상대적으로 능숙한 디지털 네이티브인 대학생, 특히 기후변화 교육을 받아 기후 인식이 상대적으로 높은 대학생에 주목했다.
주목할 만한 부분	70쪽: 디지털 탄소 발자국 개념은 아직 광범위하게 알려져 있지 않은 상황이기에, '무지'의 상태에 있는 시민들이 적지 않다. 디지털 탄소가 기후위기의 원인 가운데 하나라는 데 대한 이해가 아직 부족하거나, 기득권에 의해 사실이 왜곡되는 정치화가 진행된 상황이 아니기 때문에, 대중은 이 문제에 대해 오히려 '개방적인 태도'를 취할 수 있다. '직접 만지거나, 보거나 냄새를 맡을 수(touch, see, smell)' 없는 비가시적인 디지털 탄소 발자국과 기후위기의 연관성(link)을 가능한 많은 사람에게 최대한 소화 가능하고 직관적이며 매력적인 방법으로 제기하면서 문제 인식과 해결을 위한 실천이 필요하다는 데 대한 증거를 제시하고 설득해야 한다.
자료 관련 메모	'디지털 네이티브'라는 용어를 알게 됨. 기후 행동에 대한 대학생들의 인터뷰 부분이 인상적임. 다양한 층위의 여러 가지 방안이 제시, 정리되어 있음. 널리 알려져 있지 않은 상황을 역으로 활용할 수 있다고 보는 관점이 주목할 만함. 이 논문의 참고문헌을 활용해 관련 자료를 추가로 조사하면 도움이 될 것.

위 예시의 마지막 부분, "이 논문의 참고문헌을 활용해 관련 자료를 추가로 조사하면 도움이 될 것."에 주목해 보자. 소논문 주제와 밀접하게 연관되는 선행연구의 참고문헌은 우선적으로 검토할 자료의 목록을 알려 주는 이정표이다. 선배 연구자가 연구 과정에서 참고하고 인용한 자료는 주제에 대한 이해의 깊이를 더하는 데 분명 도움이 될 것이다. 이렇게 자료 수집은 선행연구의 참고문헌을 통해서도 가능하다.

··· 인용

자료 수집과 선행연구 검토 중 참고할 만한 자료를 발견하면, 글을 쓸 때 이를 어떻게 활용할지 머릿속에 그려 보게 된다. 다시 말해 인용을 염두에 두게 되는 것이다. 인용은 참고 자료의 일부를 끌어다 쓰는 것을 가리킨다. 인용의 주요 목적은 주장을 뒷받침하는 데 있다. 권위자의 말, 구체적인 수치, 실험 결과 등 주장의 설득력을 높일 수 있는 내용이 인용 대상이 된다. 이밖에 기존 논의에 대해 문제를 제기할 때, 주제와 관련한 쟁점을 언급할 때도 인용이 이루어진다.

대개 특정인의 사상, 이론, 연구 성과라고 하기 어려운 일반 지식은 인용 형태로 서술하거나 출처를 밝히지 않아도 된다고 한다. 상식을 언급하는 경우라도 기존 자료의 표현을 상당 부분 그대로 가져다 쓰는 것은 문제가 될 수 있으니 유의할 필요가 있다.

저자나 발언자를 특정하기 곤란하거나 맥락상 저자나 발언자를 특정해 서술하는 것이 부자연스러울 때는 '현재 많은 사람들이 ~을/를 상식으로 여기고 있다.', '최근 전문가들 사이에 ~ 문제의 심각성을 지적하는 목소리가 커지고 있다.' 등과 같은 표현을 쓸 수 있다. 이러한 경우를 제외하고 고유성, 개별성, 독창성이 있는 자료를 끌어 쓸 때는 인용 여부가 명확하게 드러나게끔 서술하고 출처를 정확하게 밝혀야 한다. 정직하고 적절한 자료 활용은 소논문의 객관성 및 신뢰성과 직결됨을 유념해야 한다.

인용에는 원래의 형태를 그대로 옮겨 쓰는 직접 인용과 저자 자신의 언어로 바꾸어 서술하는 간접 인용이 있다. 인용 자료의 어구를 끌어 쓰는 것이 어렵지 않거나, 그대로 쓰는 것이 서술의 신빙성을 높인다고 판단할 경우, 직접 인용 방식을 택하게 된다. 직접 인용한 문장이나 어구에는 인용 부호(" ")를 붙인다.

예시 2

김병권(2025)은 "AI 지원을 위한 데이터센터 확대 계획은 장황하지만, 이 계획들을 탄소중립과 조화시킬 방안 마련은 여전히 부족한 실정이다."라고 지적하였다.

김병권(2025)은 "AI와 기후 대응을 함께 고려하는 정책"의 필요성을 주장하였다.

인용 분량이 많거나 인용 부분을 시각적으로 강조하고자 할 때는 별도의 문단을 마련해 제시한다. 인용 문단은 위아래 한 줄을 비워 본문과 구분한다. 본문보다 좌우 여백을 더 넓게 설정하기도 한다. 인용 문단의 글자를 본문의 글자보다 작게 하거나 본문의 글자와 다른 글꼴을 써서 나타낼 수도 있다. 이 경우 본문과 명확하게 구분되므로 인용 부호(" ")를 붙이지 않아도 무방하다.

예시 3

디지털 문화 확산에 따른 디지털 탄소 발자국 문제가 점차 그 심각성을 드러내고 있다. 그런데 이에 대한 사람들의 인식은 전혀 없다시피 하다. 문제 해결이 필요하다는 여론을 형성하는 것이 불가능하다는 생각이 들 정도이다. 그러나 일각에서는 이 문제에 대한 인식이 널리 퍼져 있지 않다는 점이 오히려 기회가 될 수 있다고 본다. 다음과 같은 논의에서 그 일단을 확인할 수 있다.

> 디지털 탄소 발자국 개념은 아직 광범위하게 알려져 있지 않은 상황이기에, '무지'의 상태에 있는 시민들이 적지 않다. 디지털 탄소가 기후위기의 원인 가운데 하나라는 데 대한 이해가 아직 부족하거나, 기득권에 의해 사실이 왜곡되는 정치화가 진행된 상황이 아니기 때문에, 대중은 이 문제에 대해 오히려 '개방적인 태도'를 취할 수 있다. '직접 만지거나, 보거나 냄새를 맡을 수(touch, see, smell)' 없는 비가시적인 디지털 탄소 발자국과 기후위기의 연관성(link)을 가능한 많은 사람에게 최대한 소화 가능하고 직관적이며 매력적인 방법으로 제기하면서 문제 인식과 해결을 위한 실천이 필요하다는 데 대한 증거를 제시하고 설득해야 한다(정예지, 윤순진 2024: 70).

위와 같은 선행연구에서도 살펴볼 수 있듯이 사람들이 디지털 탄소 발자국 문제를 잘 모르고 있다는 점은 그에 대한 선입견이 크지 않다는 뜻으로 해석할 수 있다. 바꿔 말하면 사실에 기반한 논리적인 설득이 성공할 가능성이 큰 것이다.

인용 자료의 표현이 글의 서술 맥락과 잘 맞지 않을 때는 간접 인용 방식으로 서술하는 것이 적절한 선택이 될 수 있다. 간접 인용은 서술의 효율성을 높이는 데도 도움이 되는데, 많은 분량의 내용을 요약해 제시할 때 특히 그러하다.

예시 4

김병권(2025)이 지적한 바와 같이 전 세계적 화두인 탄소중립, AI 기술 지원을 위한 인프라 확충, 이 둘 사이의 조화 방안은 아직 마련되어 있지 않다.

··· 재인용

타인의 글에 있는 인용 구절을 자신의 글에서 다시 인용하는 것을 가리켜 재인용이라 한다. 인용하고자 하는 내용을 다른 사람의 글을 통해 접했더라도 원자료를 찾아볼 수 있으면 굳이 재인용할 필요가 없다. 원자료를 찾아서 내용을 확인한 뒤 자신의 글에 맞게 인용하고 원자료의 서지사항을 출처로 밝히면 된다. 재인용은 그렇게 하기 어려울 때 불가피하게 이루어진다. 특정 도서관이 소장하고 있는 귀중 문헌인데 디지털화되어 있지 않아서 열람하기 힘든 경우, 해외 출판 자료인데 국내에서 구하기 곤란한 경우 등이 이에 해당한다. 부득이하게 재인용을 선택할 수밖에 없는 상황에 처하면 재인용하되 그 사실을 밝혀야 한다. 그 방식은 다음 예문을 참고할 수 있다.

예문 1

<술은 눈물인가 한숨이랄가>를 작곡한 코가 마사오는 독특한 이력의 소유자이다. 비록 그가 1904년에 일본 큐슈(九州)에서 태어났으나 8살 때부터 약 10년 동안 한국에서 자랐다. 자서전에서 스스로 밝힌 것처럼[17] 어린 시절 한국에서 지낸 경험은 이후 자신의 음악 활동에 알게 모르게 영향을 끼쳤다.

17 "경성의 큰형의 가게에는 60명 정도의 조선인 점원이 일하고 있었다. 나는 그들이 흥얼거리는 민요를 날마다 들었는데, 그 음악의 뛰어남을 깨달았던 것도 이 시기이다. 大正琴이나 三味線으로 연주해 본 곡도 있다. 멜로디가 뛰어난 부분은 나의 작곡에도 큰 도움이 되었다."(古賀通人. 1980. 『幾山河 : 古賀政男伝』. 東京: オクダ企画, 47.) 다음 논문 62쪽에서 재인용. 장미경. 2015. 「일제강점기 조선에서 불린 엔카(演歌) 고찰 -고가 마사오(古賀政男)를 중심으로-」. 『일본학연구』 45, 57-74.

장유정. 2019. 「딱지본 소설 속 유행가의 기능 -유행가 <술은 눈물일가 한숨이랄가>를 중심으로-」. 『한국시가연구』 47, 149.

주석

주석에는 내용 설명을 추가하기 위한 내용주와 인용 출처를 밝히기 위한 참조주가 있다. 통상적으로 주석은 추가로 설명하고자 하는 대상이 언급된 뒤에, 출처를 밝힐 필요가 있는 인용 서술이 이루어진 뒤에 붙인다.

내용주

내용주는 해설주로도 불린다. 본문에 언급한 개념, 용어, 인물, 역사적 사건, 쟁점 등에 대한 해설을 덧붙이고자 할 때 쓴다.

예시 5

캐나다 선교사 제임스 게일(James S. Gale)은 양시영(梁時英), 그 아들 양기탁(梁起鐸)[2] 등과 함께 우리나라 최초의 한영사전을 편찬한 인물로 알려져 있다. 성경을 한국어로 번역한 바 있으며, 한국의 고전 소설과 시조를 영어로 번역해 소개하기도 했다.

2 양기탁은 『대한매일신보』 발행에 중요한 역할을 한 사람이기도 하다. 신문의 항일 논조로 일본 당국의 경계 대상이 되었으며, 신민회 사건으로 기소되어 징역 6년을 선고받았다. 정진석. 1987. 『大韓每日申報와 裵說』. 서울: 나남, 147-159. 『대한매일신보』와 양기탁의 관계에 대한 세세한 면면은 이 논저를 통해 살펴볼 수 있다.

참조주

참조주는 인용주, 서지주 등으로도 불린다. 참조주를 통해 제시되는 것이 대개 인용 자료의 서지사항이기 때문이다. 주석 내용의 위치에 따라 내주, 외주로 나뉘는데 내주는 본문 안에, 외주는 본문 바깥에 주석 내용이 제시된다. 내주를 통해 인용 출처를 제시하는 방식으로 글을 쓸 때도 재인용 사실을 밝히거나 주석을 통해 설명을 덧붙이고자 할 경우에는 외주를 사용한다.

내주

본문 내부에 작성하는 내주의 경우, 본문의 흐름을 방해하지 않기 위해 저자명, 발행연도, 인용면수 등 간략한 서지사항만 괄호 안에 밝힌다. 발행연도와 인용면수 사이에는 기호(:)를 넣어 구분한다.

(저자명 발행연도: 인용면수)

예시 6

환경 및 에너지 분야는 불확실성이 높고 영향변수가 많은 편이다(이일우 2022: 47).

서양서의 경우, 저자의 성과 이름 가운데 성만 밝힌다. 본문에 저자명을 언급하면, 내주에서는 저자명을 제시하지 않는다.

예시 7

디지털 미디어 환경에서 성장한 디지털 네이티브 세대는 여러 가지 작업을 동시에 수행하는 멀티태스킹을 선호한다(Prensky 2001: 3).

이일우가 지적한 바와 같이 환경 및 에너지 분야는 불확실성이 높고 영향변수가 많다(2022: 47).

인용 부분이 여러 면에 걸쳐 있을 때는 기호(-)를 사이에 두고 시작 면수와 끝 면수를 밝힌다. 인용 자료의 내용 전체를 간추려 서술할 경우, 인용면수 없이 내주를 작성한다.

예시 8

이일우는 불확실성이 높고 영향변수가 많은 환경 및 에너지 분야의 특징을 지적하며, 지속가능한 탄소중립 사회를 위해 더 많은 구상과 상상이 요구된다고 하였다(2022: 47-48).

지속가능한 탄소중립 추진을 위해 ICT 기술의 활용 방향성을 모색하는 논의가 이루어진 바 있다(이일우 2022).

이일우(2022)는 지속가능한 탄소중립 추진과 관련하여 주목할 만한 현황과 기술적 이슈를 고찰하였다.

저자가 두 명일 경우, 저자명 사이에 쉼표(,)를 써서 구분한다. 서양서는 'and'를 쓴다.

예시 9

(정예지, 윤순진 2024: 70)
(Andrae and Edler 2015: 121)

저자가 세 명 이상일 때는 대표 저자 한 명만 밝힌다. 저자명 뒤에 국내서는 '외', 서양서는 'et al.'을 붙인다.

예시 10

(김성철 외 2016: 193)
(Garimella et al. 2013: 72)

공저자를 나열할 때는 자료에 제시된 순서를 임의로 바꾸지 않는다. 대표 저자 한 명을 쓸 경우, 자료에 제시된 저자 중 가장 앞에 있는 저자를 택한다. 그리고 주석의 저자명에 교수, 기자, 연구원, 개발자, 과장 등 저자의 직함, 직명 등을 붙이지 않도록 한다. 필요시 본문에서는 직함 등을 언급할 수 있으나 서지사항을 제시할 때는 저자명만 밝힌다.

한 명의 저자가 동일한 연도에 발표한 다수의 저작물을 함께 인용할 경우, 저작물의 발행연도 뒤에 a, b, c 등을 붙여서 서로 구분한다. 예를 들어 『문학과 환경』 16권 1호(2017년 3월 발행)에 실린, 양정현의 「현대 소설에 나타난 나무 변신의 모티프 연구 - 이승우, 이청준, 한강의 소설을 중심으로」와 『현대문학이론연구』 70호(2017년 9월 발행)에 실린, 같은 저자의 「『난장이가 쏘아올린 작은 공』에 나타난 교육의 주제 연구 - 말과 지식의 양가성을 중심으로 -」를 하나의 글에서 인용해 서술할 때, 전자는 양정현(2017a), 후자는 양정현(2017b)로 지칭할 수 있다. 서술 양상을 예시하면 다음과 같다.

예시 11

양정현은 나무 변신 모티프를 구현하고 있는 작품을 고찰한 연구에서, 나무에 대한 신화적, 종교적 논의를 아우르며 "나무에게서 자신의 모습을 보고, 나아가 우주적 섭리와 질서를 보는 것은 인간에게 특유한 상상력의 소산"이라고 지적한 바 있다(2017a: 75). 한편, 『난장이가 쏘아올린 작은 공』의 담화 성격을 살펴보는 논의에서는 작품 속 꿈이나 환상을 재평가할 수 있는 단초로서 '말하기와 듣기의 상호책임'이 지닌 의미를 조명하였다(양정현 2017b: 239).

외주

앞서 외주는 주석 내용을 본문 바깥에 제시하는 방식으로 작성한다고 하였다. 본문 바깥이 본문 바로 아래인 경우도 있고, 본문 끝인 경우도 있다. 전자를 외각주, 후자를 미주라고 한다. 독자의 입장에서 외각주는 관련 설명이나 인용 자료의 출처를 본문의 해당 내용 바로 아래에서 확인할 수 있다는 점이 장점이고, 미주는 주석에 시선을 빼앗기지 않고 본문 내용에 집중할 수 있다는 점이 장점이다. 외각주, 미주 등 외주에는 저자명, 발행연도, 글제목, 서명, 출판도시, 출판사, 인용면수 등의 서지사항을 제시하며, 본문과 주석에 주석 번호를 표시한다. 외각주를 사용한 예를 들면 다음과 같다.

예문 2

일제 총독부의 통제 아래 일본인이 주도하여 설립한 경성방송국은 조선에 거주하는 일본인들의 정보와 문화에 대한 욕구를 충족하고, 식민 지배 체제에 조선인들을 순응시키기 위한 수단이었다.[2] 그러나 다른 한편으로 라디오는 일제강점기 동안 한국 전통음악을 보존하고 널리 알리는 데 있어서 중요한 역할을 담당했다.

2 김영희. 2002. 「일제시기 라디오의 출현과 청취자」. 『한국언론학보』 46 (2), 152.

이유진. 2024. 「토속민요에 대한 1960년대 라디오 프로그램의 인식: 다큐멘터리 시리즈 『민족의 향기』(1967~1968)의 사례 연구」. 『구비문학연구』 (74), 258.

미주는 본문과 별도로 주석만 모아서 제시하는 형태를 띤다. 미주의 예는 다음과 같다.

예시 12

주

1) 김병권. 2025. 「기후에 부담을 적게 주는 AI와 데이터센터」. 『매일노동뉴스』. 5. 13. https://www.labortoday.co.kr/news/articleView.html?idxno=227870
2) 정예지, 윤순진. 2024. 「디지털 탄소 발자국을 둘러싼 기후 행동과 비행동에 대한 탐색적 연구 - 기후인식이 높은 디지털 네이티브를 대상으로 -」. 『에너지기후변화교육』 14 (2), 70쪽.
3) 이일우. 2022. 「지속가능한 탄소중립 디지털화 전망」. 『정보와 통신』 39 (8), 47쪽.
4) Prensky, Marc. 2001. "Digital Natives, Digital Immigrants Part 2: Do They Really Think Differently?" *On the Horizon* 9 (6), p. 3.
5) Andrae, Anders S. G., and Tomas Edler. 2015. "On Global Electricity Usage of Communication Technology: Trends to 2030." *Challenges* 6 (1), p. 121.
6) 김성철, 권영선, 김민기, 김성륜, 남찬기, 류민호, 안정민, 이홍규, 정윤혁, 최세정. 2016. 『인터넷 생태계에 대한 9가지 질문』. 파주: 나남.
7) Garimella, Suresh V., Tim Persoons, Justin Weibel, and Lian-Tuu Yeh. 2013. "Technological drivers in data centers and telecom systems: Multiscale thermal, electrical, and energy management." *Applied Energy* 107, p. 72.

위 예시에서는 인용면수를 '쪽'과 'p.'를 사용해 표시했다. '쪽' 대신 '면'이라는 한자어를 쓸 수도 있다. 영어 'page'의 약자를 써서 인용면수를 나타낼 경우, 인용 부분이 여러 면에 걸쳐 있을 때는 'p.' 대신 'pp.'를 써야 한다.

예시 13

193-194면.
pp. 193-194.

특정 자료를 여러 번 인용해야 할 경우, 약식주를 통해 서지사항을 반복해서 제시하는 번거로움을 피한다. 자주 사용되는 약식주는 다음과 같다.

Ibid.

'같은 곳에서'라는 뜻을 가진 라틴어 'ibidem'의 약자이다. 바로 위 주석과 같은 자료를 인용할 때 쓴다. 책의 경우 위의 책, 같은 책, 상게서 등을, 글의 경우 위의 글, 위의 논문, 같은 글, 같은 논문, 상게논문 등을 대신 쓸 수 있다.

op. cit.

'앞서 인용한 문헌에서'라는 뜻을 가진 라틴어 'opere citato'의 약자이다. 바로 위가 아니라 앞에 있는 주석에서 제시한 자료를 다시 인용할 때 쓴다. 책의 경우 앞의 책, 전게서 등을, 글의 경우 앞의 글, 앞의 논문, 전게논문 등을 대신 쓸 수 있다.

··· 참고문헌

여기에서 참고문헌은 소논문 작성 시 참고한 자료의 목록을 가리킨다. 참고문헌은 소논문의 가장 마지막에 배치한다. 대개 인용한 자료를 중심으로 작성하나, 집필 과정에서 검토한 자료 전체를 대상으로 작성하기도 한다. 다만 분야, 학술지 등에 따라 인용한 자료만 참고문헌으로 밝히기를 요구하는 경우가 있으니 유의해야 한다.

참고문헌은 저자가 학술공동체의 일원으로서 적절한 자료를 온당하게 활용했음을 알려 주고, 작성된 글이 논문으로서 형식적 요건을 갖추었음을 드러내는 역할을 한다. 이를 염두에 두면 참고문헌 작성에 필요한 것은 정직함, 성실함, 꼼꼼함이라고 할 수 있다. 인용한 자료를 가감 없이 제시하고, 주요한 서지사항을 빠짐없이 기술하며, 양식 요건을 세세히 살펴 반영해야 한다.

참고문헌 작성의 첫 단계는 저자명, 발행연도, 자료명, 발행처(출판사) 등 각 자료의 서지사항을 정리하는 것이다. 그 방식은 자료의 종류에 따라 차이가 있다. 먼저 국내에서 출간된 단행본의 경우부터 알아보자. 단행본의 주요 서지사항은 책의 앞이나 뒤에 있는 판권지를 통해 확인할 수 있다.

집필진 김기은 김정곤 김태형 문태훈 박순애 박창석 변병설
윤순진 이건원 이병욱 정영근 최정석 최희선 한택환

탄소중립시대의 환경정책

초판발행 2023년 11월 15일

엮은이 (사)한국환경정책학회
펴낸이 안종만 · 안상준

편 집 양수정
기획/마케팅 손준호
표지디자인 이수빈
제 작 고철민 · 조영환

펴낸곳 (주) 박영사
서울특별시 금천구 가산디지털2로 53, 210호(가산동, 한라시그마밸리)
등록 1959. 3. 11. 제300-1959-1호(倫)
전 화 02)733-6771
fax 02)736-4818
e-mail pys@pybook.co.kr
homepage www.pybook.co.kr
ISBN 979-11-303-1880-6 93350

copyright©(사)한국환경정책학회, 2023, Printed in Korea

* 파본은 구입하신 곳에서 교환해 드립니다. 본서의 무단복제행위를 금합니다.

정 가 25,000원

출처: 한국환경정책학회 편. 2023. 『탄소중립시대의 환경정책』. 서울: 박영사.

참고문헌 작성을 위해 서지사항을 정리할 때 가장 앞에 제시하는 것은 저자의 성명이다. 그 뒤에 발행연도를 쓰고, 이어서 서명, 즉 책제목을 밝힌다. 그리고 출판사 소재 도시와 출판사 이름을 제시한다. 번역서의 경우에는 서명 뒤에 번역자의 성명을 제시하되, 성명 뒤에 '역'을 붙여 그 역할을 나타낸다. 여러 저자의 글을 모아 엮은 책에서 특정 글을 참고했을 때는 글제목을 서명 앞에 제시하고, 서명 뒤에 편찬자의 성명을 '편'과 함께 표시하며, 해당 글의 시작 면수와 끝 면수,

다시 말해 수록면수를 명기한다. 국내서의 글제목과 서명에는 각각 홑낫표(「 」)와 겹낫표(『 』)를 붙인다. 이를 포함한 기호 사용에 유의한다.

저자명. 발행연도. 『서명』. 출판도시: 출판사.
저자명. 발행연도. 『서명』. 역자명 역. 출판도시: 출판사.
저자명. 발행연도. 「글제목」. 『서명』. 편자명 편, 수록면수. 출판도시: 출판사.

예시 14

이태하. 2022. 『종교적 믿음에 대한 몇 가지 철학적 반성』. 서울: 책세상.
사샤 나스피니. 2021. 『불만의 집』. 최정윤 역. 서울: 민음사.
윤순진. 2023. 「제8장 기후위기시대, 탄소중립정책과 기후적응정책」. 『탄소중립시대의 환경정책』. 한국환경정책학회 편, 179-231. 서울: 박영사.

서양서의 경우, 저자의 성명을 성-이름 순서로 나타내고 성과 이름 사이에 쉼표(,)를 넣는다. 서명은 이탤릭체로 표시한다. 번역서는 서명 뒤에 'Translated by'와 함께 번역자의 성명을 밝힌다. 여러 저자의 글을 모아 편찬한 책에 실린 글을 참고한 경우, 글제목은 큰따옴표(" ") 안에 제시하고, 'In'과 함께 서명, 'edited by'와 함께 편찬자의 성명을 쓴다. 수록면수를 함께 밝힌다. 기호와 대소문자 표시에 주의가 필요하다.

저자명. 발행연도. *서명*. 출판도시: 출판사.
저자명. 발행연도. *서명*. Translated by 역자명. 출판도시: 출판사.
저자명. 발행연도. "글제목." In *서명*, edited by 편자명, 수록면수. 출판도시: 출판사.

예시 15

Marshall, George. 2014. *Don't Even Think About It: Why Our Brains are Wired to Ignore Climate Change*. New York: Bloomsbury USA.

Vieweg, Klaus. 2023. *Hegel: The Philosopher of Freedom*. Translated by Sophia Kottman. Stanford: Stanford University Press.

Murphy, Richard. 2004. "Life cycle assessment." In *Green Composites: Polymer Composites and the Environment*, edited by Caroline Baillie, 23-48. Boca Raton: CRC Press; Cambridge: Woodhead Publishing.

참고한 책이 초판이 아니라 개정판, 2판, 3판 등인 경우, 초판 발행연도가 아닌 해당 판의 발행연도를 제시한다. 그리고 서명과 함께 해당 판에 대한 정보를 밝힌다.

예시 16

오영근. 2018. 『형법총론 (제4판)』. 서울: 박영사.

학술지에 실린 논문의 경우, 논문명과 아울러 학술지명, 논문이 수록된 학술지의 권호, 수록면수를 제시한다. 기호의 쓰임에 유의할 필요가 있다.

국내서

저자명. 발행연도. 「논문명」. 『학술지명』 권, 수록면수.

저자명. 발행연도. 「논문명」. 『학술지명』 권 (호), 수록면수.

서양서

저자명. 발행연도. "논문명." *학술지명* 권, 수록면수.

저자명. 발행연도. "논문명." *학술지명* 권 (호), 수록면수.

예시 17

류민우, 김소희. 2024.「통신사업자의 탄소 중립 대응 분석 및 탄소배출 규제 접근 방향성 고찰」.『한국통신학회논문지』 49 (10), 1419-1435.

Gifford, Robert. 2011. "The Dragons of Inaction: Psychological Barriers That Limit Climate Change Mitigation and Adaptation." *American Psychologist* 66 (4), 290-302.

학위논문을 참고문헌으로 제시할 때는 학위수여연도, 학위종류, 학위수여기관 등에 주목해 서지사항을 정리한다. 학위가 수여된 연도가 언제인지, 석사학위논문인지 박사학위논문인지, 학위를 수여한 대학은 어디인지 등을 밝힌다.

저자명. 학위수여연도.「논문명」. 학위종류. 학위수여기관.

예시 18

한지연. 2022.「빅데이터를 활용한 관광지로서 전통시장의 소비자 인식 연구」. 박사학위논문. 세종대학교.

신문에 실린 기사나 칼럼의 경우에는 기사를 작성한 기자, 칼럼 필진의 성명을 저자명으로 제시하고 매체명과 발행 월일을 밝힌다. 기자나 필진이 밝혀져 있지 않으면 저자명을 생략한다. 최근에는 지면 기사보다 인터넷판 기사를 참고하는 경우가 많다. 인터넷판 기사를 참고했을 때는 URL을 함께 제시한다. 인터넷판 기사에서 입력 일자와 수정 일자가 다른 경우, 두 일자를 아울러 밝힌다.

저자명. 발행연도.「기사 · 칼럼제목」.『매체명』. 월. 일.
저자명. 발행연도.「기사 · 칼럼제목」.『매체명』. 월. 일. URL
저자명. 발행연도.「기사 · 칼럼제목」.『매체명』. 월. 일. (수정일: 월. 일.) URL

예시 19

김현우. 2025. 「아직도 도시는 선인가」. 『경향신문』. 11. 21.

김병권. 2025. 「기후에 부담을 적게 주는 AI와 데이터센터」. 『매일노동뉴스』. 5. 13. https://www.labortoday.co.kr/news/articleView.html?idxno=227870

이은창. 2025. 「전남 350억대 민간투자 무산 위기…"업계 진입장벽에 막혀"」. 『국민일보』. 10. 23. (수정일: 11. 13.) https://www.kmib.co.kr/article/view.asp?arcid=0028867043&code=61121111&cp=nv

각종 기관 및 기업의 보고서는 이상의 서지사항 제시 방식에 준해 정리한다. 인터넷 자료도 마찬가지이다.

저자명. 발행연도. 「자료명」. 발행기관.

저자명. 발행연도. 「자료명」. 웹사이트명. URL

예시 20

서진석, 강민영. 2025. 「AI 시대, 데이터센터 환경 영향 관리방안: 국내 기업의 현주소와 과제」. 사단법인 녹색전환연구소.

카카오. 2025. 「2024 ESG 보고서」. 카카오 웹사이트. https://www.kakaocorp.com/media/esg-resource/pdf/Kakao_ESGReport2024_KR.pdf

저자가 여러 명일 때는 공저자 모두의 성명을 밝힌다. 저자명 사이에는 쉼표(,)를 쓴다. 서양서의 경우, 제1저자의 성명만 성-이름 순서로 제시하고 나머지 저자의 성명은 이름-성 순서로 정리한다. 가장 마지막에 제시하는 저자명 앞에는 'and'를 붙인다.

예시 21

김성철, 권영선, 김민기, 김성륜, 남찬기, 류민호, 안정민, 이홍규, 정윤혁, 최세정. 2016. 『인터넷 생태계에 대한 9가지 질문』. 파주: 나남.

Andrae, Anders S. G., and Tomas Edler. 2015. "On Global Electricity Usage of Communication Technology: Trends to 2030." *Challenges* 6 (1), 117-157.

Garimella, Suresh V., Tim Persoons, Justin Weibel, and Lian-Tuu Yeh. 2013. "Technological drivers in data centers and telecom systems: Multiscale thermal, electrical, and energy management." *Applied Energy* 107, 66-80.

각 자료의 서지사항 정리가 끝나면 다음 기준에 따라 배열한다. 국내서와 국외서가 함께 있으면 국내서를 먼저 제시한다. 국내서는 저자명의 가나다순으로, 서양서는 알파벳순으로 배열한다. 번호는 별도로 붙이지 않는다. 자료의 수가 많을 때는 단행본, 학술지 논문, 신문 기사 등 종류별로 분류해 제시하기도 한다.

예시 22

참고문헌

[단행본]

김성철, 권영선, 김민기, 김성륜, 남찬기, 류민호, 안정민, 이홍규, 정윤혁, 최세정. 2016. 『인터넷 생태계에 대한 9가지 질문』. 파주: 나남.

윤순진. 2023. 「제8장 기후위기시대, 탄소중립정책과 기후적응정책」. 『탄소중립시대의 환경정책』. 한국환경정책학회 편, 179-231. 서울: 박영사.

Marshall, George. 2014. *Don't Even Think About It: Why Our Brains are Wired to Ignore Climate Change*. New York: Bloomsbury USA.

Murphy, Richard. 2004. "Life cycle assessment." In *Green Composites: Polymer Composites and the Environment*, edited by Caroline Baillie, 23-48. Boca Raton: CRC Press; Cambridge: Woodhead Publishing.

[학술지 논문]

류민우, 김소희. 2024. 「통신사업자의 탄소 중립 대응 분석 및 탄소배출 규제 접근 방향성 고찰」. 『한국통신학회논문지』 49 (10), 1419-1435.

이일우. 2022. 「지속가능한 탄소중립 디지털화 전망」. 『정보와 통신』 39 (8), 43-48.

정예지, 윤순진. 2024.「디지털 탄소 발자국을 둘러싼 기후 행동과 비행동에 대한 탐색적 연구 - 기후 인식이 높은 디지털 네이티브를 대상으로 -」.『에너지기후변화교육』 14 (2), 57-74.

Andrae, Anders S. G., and Tomas Edler. 2015. "On Global Electricity Usage of Communication Technology: Trends to 2030." *Challenges* 6 (1), 117-157.

Garimella, Suresh V., Tim Persoons, Justin Weibel, and Lian-Tuu Yeh. 2013. "Technological drivers in data centers and telecom systems: Multiscale thermal, electrical, and energy management." *Applied Energy* 107, 66-80.

Gifford, Robert. 2011. "The Dragons of Inaction: Psychological Barriers That Limit Climate Change Mitigation and Adaptation." *American Psychologist* 66 (4), 290-302.

Prensky, Marc. 2001. "Digital Natives, Digital Immigrants Part 2: Do They Really Think Differently?" *On the Horizon* 9 (6), 1-6.

[신문 기사]

김병권. 2025.「기후에 부담을 적게 주는 AI와 데이터센터」.『매일노동뉴스』. 5. 13. https://www.labortoday.co.kr/news/articleView.html?idxno=227870

동일한 저자의 자료를 연이어 제시할 경우, 배열 순서는 발행연도를 기준으로 한다. 두 번째 자료부터는 저자명을 반복해 밝히지 않고 밑줄로 대신한다. 앞서 한 저자가 동일한 연도에 발표한 다수의 저작물을 발행연도 뒤에 a, b 등을 붙여 구분하는 방법을 살펴보았다. 참고문헌 작성 시, 해당 자료는 발행연도 뒤에 붙인 문자의 순서에 따라 배열한다.

예시 23

양정현. 2017a.「현대 소설에 나타난 나무 변신의 모티프 연구 - 이승우, 이청준, 한강의 소설을 중심으로」.『문학과 환경』 16 (1), 73-122.

———. 2017b.「『난장이가 쏘아올린 작은 공』에 나타난 교육의 주제 연구 - 말과 지식의 양가성을 중심으로 -」.『현대문학이론연구』 (70), 213-243.

허진혁. 2023.「김유정 문학에 나타난 '행복'의 구조」.『문화와 융합』 45 (5), 277-288.

———. 2025.「김유정 소설의 응시와 수치심」.『동아시아문화연구』 (100), 43-64.

이상의 주석과 참고문헌 작성법은 모든 상황에 일률적으로 적용되는 절대적인 것이 아니다. 학술 분야, 단체에 따라 다양한 양식이 쓰이고 있다. 대표적인 양식을 들면 다음과 같다.

- ACS Style: American Chemical Society(ACS)에서 정한 작성 양식이다. 화학 등 자연과학 분야에서 주로 사용한다.
- APA Style: American Psychological Association(APA)을 통해 만들어진 양식이다. 심리학을 비롯한 사회과학 분야에서 많이 사용한다. 일부 자연과학 분야에서도 사용한다.
- Chicago Style: The University of Chicago Press가 만든 매뉴얼이 모태가 된 양식이다. 다양한 분야에 쓰인다.
- IEEE Style: Institute of Electrical and Electronics Engineers(IEEE)에서 만든 매뉴얼에서 비롯한 양식이다. 전기전자, 컴퓨터, 정보기술 등의 공학 분야에 주로 쓰인다.
- MLA Style: Modern Language Association(MLA)에서 기원한 양식이다. 영문학, 언어학 등 인문학 분야에서 주로 사용한다.

이 가운데 IEEE Style을 준용한 예를 들어 그 특징을 살펴보자. IEEE Style에서는 인용 시 대괄호([ ])를 써서 번호만 붙인다. 앞서 인용한 자료를 다시 인용할 때는 앞서 붙인 번호를 다시 쓴다.

예문 3

코로나19의 대유행은 공연예술계에 큰 타격을 입혔다. 국내에서는 코로나19 확산 초기부터 강력한 사회적 거리두기를 실시했고, 그에 따라 공연을 위한 문화시설들이 휴관하거나 제한적으로 운영되었다. 2020년 1월부터 6월까지 취소된 공연은 6,457건이었으며, 그에 따른 매출 피해액은 약 823억 원으로 추산되었다[1]. 공연예술계는 이처럼 심각한 상황에 직면하자 영상 제작을 통해 난관을 극복하고자 했다. 뮤지컬 부문에서는 코로나19 확산 전에 주로 홍보 목적으로 제작되었던 라이브 스트리밍 영상이나 공연 실황 녹화 영상이 활발히 제작, 유통되었다. 국내 최대 라이브 스트리밍 서비스 업체인 네이버에 따르면, 2020년 공연 실황 라이브 스트리밍은 전년 대비 7.5배 증가한 600건에 달했고, 누적 시청 수 역시 전년 대비 12.5배 늘어난 1,500만 회에 달했으며, 네이버 이용자가 가장 많이 시청한 장르는 뮤지컬이었다[2].

박지윤, 이유진. 2022.「한국 웹뮤지컬의 성과와 전망」.『차세대융합기술학회논문지』6 (11), 2266.

참고문헌은 인용 시 붙인 번호의 순서에 따라 작성한다. 가장 먼저 인용한 자료부터 차례로 정렬하는 식이다. 번호를 필두로 각 자료의 서지사항을 제시한다. 이에 따라 IEEE Style의 참고문헌은 서지사항 앞에 번호가 있는 형태를 띤다.

예문 4

REFERENCES

[1] S. H. Baik, J. H. Lee & Y. J. Cho. (2020). Prospects and tasks for non-face-to-face performing arts in the post-corona era. *Policy Report*, (307), 1-30.

[2] H. J. Yoon. (2021, January 4). Naver brings the emotion of the performance to life in anbang···Over 600 works met users in one year. *Worktoday*, http://www.worktoday.co.kr/

박지윤, 이유진. 2022.「한국 웹뮤지컬의 성과와 전망」.『차세대융합기술학회논문지』6 (11), 2277.

분야가 동일하더라도 학술지에 따라 주석 및 참고문헌 양식이 서로 다른 경우가 많다. 학술지별 양식은 일반적으로 학술지의 논문 투고 규정에 제시되어 있다. 이는 학술지를 발행하는 학회 웹사이트를 통해 쉽게 찾아볼 수 있다. 한 가지 양식의 작성법을 적절하게 익혀 두면, 어떠한 양식이 요구되더라도 작성에 큰 어려움을 겪지 않을 것이다. 다음 두 가지를 기억해 두자. 특정 양식에 대한 요구가 있을 때는 해당 양식을 준수할 것, 양식에 대한 요구가 없을 때도 특정 양식을 준용하여 일관되게 적용할 것.

EndNote, RefWorks, Mendeley, Citeasy 등 주석 및 참고문헌 작성을 도와주는 소프트웨어나 웹서비스가 있다. 이러한 도구를 사용한다고 해도 검토는 사람의 몫이다. 오류를 찾아내 수정하고 완성된 형태로 주석 및 참고문헌을 작성하기 위해서는, 학습과 연습을 통해 작성법을 자신의 것으로 만드는 과정이 필요하다.

앞서 자료의 정직하고 적절한 활용이 소논문의 객관성 및 신뢰성과 직결된다고 하였다. 인용, 주석, 참고문헌은 소논문의 저자가 글쓰기 윤리를 준수하였음을 알려 주고 소논문이 타당성 있는 근거에 기반한 논의로서 인정받을 수 있게끔 한다. 이러한 점에서 소논문의 수준을 가늠하는 요소 중 하나로 인용, 주석, 참고문헌을 꼽기도 한다. 이를 염두에 두도록 하자.

연습문제 3

학교 도서관 웹사이트에 접속해 로그인한 뒤, 학술 데이터베이스 검색 서비스를 이용해 다음 학습활동을 수행해 보자.

1) 검색창에 '생성형 AI'라는 키워드를 입력해 검색 결과를 살펴본다.
2) 최근 1년 이내에 발행된 연구논문 한 편을 다운로드하여 그 내용을 검토하고 서지사항을 기록한다.

연습문제 4

● 전문가의 견해를 인용하여, 친환경지속가능도시를 위한 정책에 지역 특성에 대한 고려가 요구됨을 강조하는 문장을 작성하고자 한다. 다음 연구논문의 240쪽을 참조하여 빈칸을 채워 보자.

김태호, 강영은, 박창석. 2019. 「친환경지속가능도시 계획의 정책평가: 3개 사례지역을 중심으로」. 『환경정책』 27 (2), 215-242.

도시 정책에는 지역 특성에 대한 고려가 필수적이다. 친환경지속가능도시를 위한 정책도 예외가 아니다.____

____

____

____

____

____(김태호 외 2019: 240).

연습문제 5

다음은 소논문을 쓰기 위해 참고한 자료에 대한 설명이다. 이를 바탕으로 소논문의 마지막에 놓일 [참고문헌]을 작성해 보자.

- 이유진이 쓴 글, '이몽룡: 사랑하지 않을 수 없는 남자'를 참고했다. 이 글은 서대석이 편찬한 책, '우리 고전 캐릭터의 모든 것: 우리가 몰랐던 고전 캐릭터의 참모습' 2권, 270-285쪽에 실려 있다. 이 책은 서울에 있는 출판사 '휴머니스트'에서 2008년 발행되었다.
- 이유진이 쓴 논문, '판소리에 담긴 철학적 물음들과 해답들'을 참고했다. 이 논문은 2013년에 발행된 학술지 '구비문학연구'의 37호, 1-36쪽에 실려 있다.
- 안혜지와 김종희가 쓴 논문, '한국어 유행 표현의 유형'을 참고했다. 이 논문은 2024년에 발행된 학술지 '한국어 의미학'의 85호, 159-189쪽에 실려 있다.
- 김석근이 쓴 책, '언어학개론'을 참고했다. 이 책은 진주에 있는 '경상대학교출판부'에서 2004년 발행되었다.
- Gustav Jahoda가 쓴 논문, 'Theodor Lipps and the shift from "sympathy" to "empathy"'를 참고했다. 이 논문은 2005년에 발행된 학술지 'Journal of the History of the Behavioral Sciences'의 41권 2호, 151-163쪽에 실려 있다.
- Lauren Wispé가 쓴 논문, 'The Distinction Between Sympathy and Empathy: To Call Forth a Concept, A Word Is Needed'를 참고했다. 이 논문은 1986년에 발행된 학술지 'Journal of Personality and Social Psychology'의 50권 2호, 314-321쪽에 실려 있다.

4 개요 작성

··· 구상의 구조화

자료 수집과 선행연구 검토가 마무리되면 주제와 관련한 사실, 기존 논의 및 쟁점에 대한 파악에 기반해 견해 및 주장이 명확해지고 주장을 뒷받침하는 근거가 마련된 상태가 된다. 주제를 어떻게 다룰지 밑그림을 그릴 준비, 다시 말해 개요를 작성할 준비가 된 것이다.

주제를 다룰 큰 틀은 주제 선정 단계에서도 짤 수 있다. 예를 들어 소논문의 주제로 '특정 문제에 대한 고찰과 그 해결 방안 모색'을 택했다면 문제 분석, 해결 방안 제시, 제시한 방안의 유효성 검토 등으로 이루어진 짜임새를 쉽게 예상할 수 있다. 자료 수집 및 선행연구 검토는 이러한 얼개를 구체화하는 데 필요한 사항을 중심으로 진행된다. 그 결과, 큰 틀을 채울 주요 내용이 상세하게 갖춰지게 된다. 개요 작성은 이를 구조화하는 작업이다.

··· 개요 작성 방법

개요의 장과 절을 마련하기에 앞서, 주장의 핵심을 전달하는 제목을 제시해 보자. 제목은 개요로 나타내고자 하는 주지를 독자가 빠르게 파악하고 이해하는 데 도움을 준다. 구조와 전개에 대한 예측도 가능하게 한다. 중요한 키워드를 두세 개 뽑은 뒤 조합하여 적절한 어구로 만들면, 제목을 작성할 수 있다.

제목을 정한 뒤에는, 장과 절에 들어갈 주요 내용을 간결 명료하게 정리해 항목화한다. 그리고 전체적인 전개와 상호 관계(대등, 상하, 선후 등)를 고려하여 배열한다. 주제에 따라 내용 전개의 일정한 기준 및 방향성을 드러내는 것이 효과적인 경우가 있다. 고려해 볼 만한 기준 및 방향성에는 시간의 흐름에 따라, 공간의 배치나 이동에 따라, 원인에서 결과로, 결과에서 원인으로, 보편적인 것에서 특수한 것으로, 특수한 것에서 보편적인 것으로, 간단한 것에서 복잡한 것으로, 많이 알려진 것에서 그렇지 않은 것으로, 이론에서 응용으로, 합의된 것에서 논쟁적인 것으로 등이 있다.

개요 항목의 순서와 위계는 숫자나 문자를 사용해 나타낸다. 통용되고 있는 다양한 표시 방식 중 하나를 택해 개요 전체에 일관되게 적용한다. 몇 가지를 예시하면 다음과 같다.

1.	Ⅰ.	1.	1.
2.	Ⅱ.	2.	2.
2.1.	1.	1)	가.
2.2.	2.	2)	나.
3.	Ⅲ.	3.	3.
3.1.	1.	1)	가.
3.1.1.	1)	(1)	ㄱ)
3.1.2.	2)	(2)	ㄴ)
3.2.	2.	2)	나.
4.	Ⅳ.	4.	4.

이어서는 실례를 통해 개요 작성 과정을 구체적으로 살펴보도록 한다. 앞서 언급한 주제문 "사회 전반의 디지털 기반 확대에 따라 디지털 쓰레기 문제가 대두되고 있으므로 이 문제에 관심을 기울여 해결 방안을 모색할 필요가 있다."를 바탕으로 소논문 집필을 위한 개요를 작성하고자 한다면 어떻게 할까.

우선 1장은 서론이다. 디지털 쓰레기 문제가 대두되고 있는 상황과 문제의 심각성을 언급하며 문제의식을 드러내고, 해결의 필요성을 제기하게 될 것이다. 해결의 필요성을 제기했으니 이어서 그 방법을 제시해야 한다. 그런데 그 전에 과거 이 문제에 대한 해결이 시도된 적이 있는지, 있으면 그 성과와 한계는 무엇인지 살펴볼 필요가 있다. 기존에 시행된 방안이 있다면 그 한계를 검토하는 작업을 통해 앞으로 제시할 해결 방안의 방향성을 적절하게 타진할 수 있을 것이다. 이에 따라 2장에서는 기존 방안에 대해 검토한다. 이를 토대로 3장에서는 기존 방안의 한계를 보완하고 극복할 수 있는 해결 방안을 제시한다. 제시한 해결 방안의 의의는 4장에서 해결 방안의 기대 효과를 조명함으로써 드러낼 수 있을 것이다. 그리고 5장 결론을 통해 소논문을 마무리한다. 이러한 구상의 결과는 다음과 같이 정리할 수 있다.

1. 서론
2. 기존 해결 방안 검토
3. 새로운 해결 방안
4. 기대 효과
5. 결론

위 개요는 대강의 짜임새를 보여준다. 자료 수집 및 선행연구 검토 과정을 적절하게 수행하여 기존의 해결 방안에 대한 견해, 새로운 해결 방안과 관련한 아이디어, 기대 효과에 관한 예상이 구체화되었다면 위 개요보다 더 자세한 내용을 담은 개요를 작성할 수 있다. 제목도 붙일 수 있다.

예시 24

제목: 데이터 수명주기 관리를 통한 디지털 쓰레기 문제 해결

1. 서론
2. 기존 해결 방안 검토
   1) 에너지에 초점을 맞춘 대책과 그 한계
   2) 개인적 실천을 위한 캠페인과 그 한계
3. 새로운 해결 방안
   1) 기업 및 기관의 데이터 수명주기 관리 활성화
   2) 데이터 수명주기 관리에 대한 교육 및 홍보

4. 기대 효과
   1) 디지털 쓰레기의 실질적인 감소
   2) 자원 및 사회적 비용 절감
   3) 디지털 쓰레기 문제에 대한 사회적 인식 제고
5. 결론

위 개요의 제목은 주장의 핵심을 드러내고 있다. 구체적인 내용은 2~4장의 절을 통해 확인 가능하다. 각 절은 그 주요 내용을 간결한 어구로 정리해 보여 주고 있고, 장과 절 사이의 관계, 절 배치 순서 등에 문제점이 크게 눈에 띄지 않는다. 위 개요는 소논문의 구성과 전개를 일목요연하게 제시하는 목차로 무리가 없다. 그런데 이러한 형태의 개요만으로는 집필을 시작하기 어려울 수 있다. 각 장과 절의 내용을 더 상세화해 놓아야 집필이 쉬워진다. 상세개요가 필요한 것이다.

··· 상세개요

상세개요는 상세한 서술이 포함된 개요를 말한다. 개요 항목과 함께 주요 내용을 기술해 놓은 것이다.

상세개요의 작성 방식은 다음과 같다. 각 장과 절의 구체적인 내용과 전개를 계획한다. 역할과 비중에 따라 한두 문단으로 작성되는 장과 절도 있을 것이나, 본론의 핵심 부분을 이루는 장과 절의 주요 내용은 대개 세 문단에서 다섯 문단 사이로 구성, 서술될 것이다. 이러한 주요 문단을 염두에 두고 화제를 간추린다. 각 문단은 화제문과 뒷받침문으로 이루어질 터인데, 그 화제문에 해당하는 내용을 정리해 상세개요를 만든다. 요컨대 개요의 각 항목에 들어갈 주요 문단의 화제문을 하나씩 순서대로 나열하면 상세개요를 작성할 수 있다. 인용에는 내주를 붙여 출처를 밝히고, 끝에 참고문헌 항목을 두어 인용 자료의 목록을 제시한다.

상세개요를 작성하는 것은 대강의 목차를 짜는 것보다 수고롭다. 그러나 수

고로운 만큼 집필이 수월해진다. 각 장과 절의 세부 내용을 정리하면 전체의 흐름, 내용과 내용 사이의 맥락을 더 면밀하게 검토할 수 있다. 이러한 과정은 글의 완성도를 높이는 데 도움이 된다. 전체 글을 장악하고 있다는 자신감도 생길 수 있는데, 이는 집필의 원동력이 될 것이다. 상세개요의 예를 보이면 다음과 같다.

예시 25

제목: 데이터 수명주기 관리를 통한 디지털 쓰레기 문제 해결

1. 서론

디지털 시대의 에너지와 기후 환경이 주요 이슈가 되고 있는 가운데(IEA 2025) 사회적, 환경적 비용을 발생시키는 디지털 쓰레기 문제를 해결해야 한다.

2. 기존 해결 방안 검토

1) 에너지에 초점을 맞춘 대책과 그 한계

에너지 효율성 향상과 관련한 연구 및 기술 도입이 이루어지고 있다(네이버 2024).

에너지에 초점을 맞춘 대책만으로는 기술 변화의 속도와 폭을 감당하기 어렵다.

2) 개인적 실천을 위한 캠페인과 그 한계

불필요한 메일함 비우기 등 개인적 실천을 위한 캠페인이 시행되고 있다(환경부 2021).

캠페인을 통한 개인적 실천에 한계가 있으며, 캠페인을 통한 디지털 쓰레기 감소 실천이 디지털 쓰레기를 발생시키기도 한다.

3. 새로운 해결 방안

1) 기업 및 기관의 데이터 수명주기 관리 활성화

디지털 쓰레기 문제의 근본적인 해결을 위해 데이터 수명주기 관리의 측면에서 접근할 필요가 있다.

데이터 수명주기 관리 기술 및 서비스에 대한 이해가 부족하거나 제한적이고 소극적인 사용에 그치는 경우가 많은데, 적극적인 활용을 추진해야 한다.

특히 대량의 데이터 사용이 이루어지면서 비활성 데이터의 비율이 높은 기업 및 기관(임태훈 외 2010)에서 데이터 수명주기 관리를 활성화할 필요가 있다.

디지털 반등 효과를 고려해도(Alcott 2005; Coroamă and Mattern 2019) 데이터 수명주기 관리는 유용한 해결 방안이 될 수 있다.

2) 데이터 수명주기 관리에 대한 교육 및 홍보

데이터 수명주기 관리 역량을 제고하기 위한 기업 및 기관 구성원 대상 교육이 요구된다.

데이터 수명주기 관리에 대한, 상품 소비자이자 서비스 이용자인 시민의 관심과 이해가 필요하다.

4. 기대 효과

1) 디지털 쓰레기의 실질적인 감소

데이터가 효율적으로 관리되면, 디지털 쓰레기를 상당량 감소시킬 수 있으리라 예상한다.

2) 자원 및 사회적 비용 절감

데이터 수명주기 관리가 적절하게 이루어지면, 불필요한 데이터 유지에 든 에너지 자원과 관리 비용을 절감할 수 있으리라 기대한다.

3) 디지털 쓰레기 문제에 대한 사회적 인식 제고

데이터 수명주기에 대한 적극적인 관리와 그에 관한 교육 및 홍보가 이루어지면, 기업 및 기관 구성원을 비롯한 사회 전체가 디지털 쓰레기 문제에 대해 수준 높은 인식을 갖출 수 있을 것이다.

5. 결론

데이터 수명주기 관리의 활성화는 디지털 쓰레기 문제의 근본적인 해결을 꾀할 수 있다는 점에서 의의가 있으며, 데이터와 관련한 사회적, 환경적 비용을 줄여나가기 위한 논의가 향후 과제로 남아 있다.

참고문헌

네이버. 2024. 「네이버, 데이터센터 각 세종까지 LEED 플래티넘 획득… 친환경 분야도 글로벌 최고 수준 입증」. 네이버(주) 웹사이트. https://www.navercorp.com/media/pressReleasesDetail?seq=31837

임태훈, 서직수, 김선영. 2010. 「데이터 폐기 지침 마련을 위한 기초 연구」. 『정보관리연구』 41 (4), 165-186.

환경부. 2021. 「더 늦기 전에 2050 탄소중립, 범정부 탄소중립 주간 운영」. 환경부.

Alcott, Blake. 2005. “Jevons' paradox.” *Ecological Economics* 54 (1), 9-21.

Coroamă, Vlad C., and Friedemann Mattern. 2019. “Digital Rebound - Why Digitalization Will Not Redeem Us Our Environmental Sins.” In *Proceedings of the 6th International Conference on ICT for Sustainability*, edited by Annika Wolff, 1-10. Lappeenranta: CEUR Workshop Proceedings https://ceur-ws.org/Vol-2382/

International Energy Agency(IEA). 2025. “Energy and AI.” *IEA Reports*. https://www.iea.org/reports/energy-and-ai

··· 개요 검토

개요를 작성한 뒤에는 내용, 표현, 항목 사이의 관계, 배열 순서 등의 적절성을 종합적으로 점검한다. 내용이 알맞은지, 불필요하거나 중복된 부분은 없는지, 표현이 일관되고 정확한지, 항목 사이의 관계가 명확하고 합리적인지, 배열 순서가 자연스럽고 논리적인지 확인할 필요가 있다. 다음을 검토해 보자.

4. 기대 효과
   1) 디지털 쓰레기의 실질적인 감소
   2) 자원 및 사회적 비용 절감
   3) 디지털쓰레기 문제에 대한 국제적 대응 부족

위 개요 항목 중 3절 "3) 디지털쓰레기 문제에 대한 국제적 대응 부족"은 기대 효과의 범주에 속한다고 할 수 없다. 해결이 필요한 문제 양상이다. 디지털 쓰레기 문제에 대한 국제적 대응이 충분하지 않은 가운데, 제시한 해결 방안을 통해 국제적 대응 역량을 강화하거나 국제적 협력의 가능성을 확대할 수 있다는 점을 지적하고자 한다면, 어구를 수정해야 할 것이다. 그리고 1절 "1) 디지털 쓰레기의 실질적인 감소"에서는 '디지털'과 '쓰레기'를 띄어 썼는데, 3절 "3) 디지털쓰레기 문제에 대한 국제적 대응 부족"에서는 '디지털'과 '쓰레기'를 붙여 썼다. 표기를 통일해야 한다.

4. 기대 효과
   1) 디지털 쓰레기의 실질적인 감소
   2) 환경에 대한 인식
   3) 자원 및 사회적 비용 절감

위 개요 항목 중 2절 "2) 환경에 대한 인식"은 위아래의 1절, 3절과 대등하다고 하기 어렵다. 2절에는 1절의 "감소", 3절의 "절감"에 대응하는 어구가 없다. '환경에 대한 인식'을 거론하는 맥락이 명확하지 않다. 맥락에 따라 배열 순서의 조정이 필요할 수 있다. 가령 환경에 대한 인식 수준을 끌어올리는 측면에 대해 조명하고자 한다면, 이는 '디지털 쓰레기의 실질적인 감소', '자원 및 사회적 비용 절감'에 비해 간접적인 기대 효과라 할 수 있으므로 가장 마지막에 제시하는 것이 적절하다.

개요 검토는 견해 및 주장이 독자에게 정확하고 설득력 있게 전달될 수 있는지 확인하는 작업이기도 하다. 독자의 관점에서 용어와 어구, 내용 전개 및 구조가 어떻게 파악되고 이해될지 점검하는 것이 필요하다.

연습문제 6

항목의 내용 및 표현, 항목 사이의 관계, 배열 순서 등에 주목하여 다음 개요가 적절한지 검토해 보자.

<가>

제목: 자율주행차 안전성 문제와 해결 방안

1. 서론
2. 자율주행차의 안전성 문제
   1) 안전하지 않은 자율주행차
   2) 운전자가 자율주행을 선택하는 이유
3. 자율주행차 안전성 보완을 위한 방안
   1) 법 제정
   2) 운전자 교육
   3) 안전 교육
   4) 생명 윤리와 도덕
4. 자율주행차 안전성 향상 전망
5. 결론

<나>

제목: 영화관 위기 문제의 요인 분석 및 대응 방안 모색

1. 서론: 영화관 위기 시대
2. 영화관 위기의 배경
   1) 코로나19 팬데믹
   2) 콘텐츠 소비 성향 변화
   3) 획일화된 상영작과 흥행작 부재
   4) OTT 상용화
3. 영화관 위기에 대한 대응
   1) 과다한 출점 경쟁 완화
   2) 다양한 취향의 영화 제작과 흥행에 대한 관점 전환
   3) 입장료 할인 등 접근성 확대
4. 영화관 위기를 극복하기 위한 새로운 접근
   1) 다채로운 문화공간으로의 변화 모색
   2) 영화 상영 외 다양한 비즈니스 모델 개발(라이브 공연, e스포츠 대회, 문화 행사 등)
5. 결론

5 서론 쓰기

소논문의 실제 집필 단계에서는 상세개요를 작성하면서 계획한 방향으로 자신의 주장을 서술해야 한다. 소논문의 서론은 글의 목적을 제시하는 부분이며, 자신의 글로 독자를 들어오게 하여 본론으로 인도하는 역할을 한다. 주제의 배경을 제시하면서 독자의 흥미를 이끌어낸 뒤, 문제 제기와 함께 자신의 관점을 밝힌 다음, 본론으로 나아갈 수 있도록 글의 순서를 안내해주는 것이 기본적인 서론의 구성이다.

서론의 도입부에서는 글의 주제와 관련된 배경을 제시하면서 독자가 관심을 가질 수 있는 여러 방법을 활용할 수 있다. 핵심 용어의 정의, 실질적인 자료의 인용 또는 시의성 있는 사건의 언급 등 다양한 방법들을 통해 개념적 틀을 마련하고 자신의 논의에 집중할 수 있도록 만들어야 한다. 물론 배경 설명이 지나치게 길어지면 글의 핵심을 파악하기 어려워지므로, 필요한 맥락만 제공한 뒤 문제 제기로 넘어가는 것이 효과적이다.

배경 제시 단계에 해당하는 도입부에서 독자를 끌어들인 뒤에는 구체적인 쟁점으로 논의의 초점을 좁혀야 한다. 독자는 서론을 거치면서 이 글이 어떤 목적을 가지고 있는지, 어떤 관점을 지니고 있는지를 파악하게 된다. 따라서 서론에서는 글에서 다루는 논의의 중요성과 필요성을 분명히 밝혀야 한다. 주목하고 있는 문제는 무엇인지, 그 문제는 왜 해결해야 하는지를 알려줘야 한다. 바꿔 말하면, 이 글에서 다루고 있는 문제는 심각하기에 반드시 해결되어야 하며, 그렇지 않으면 더 큰 문제가 발생할 수 있다는 것을 전달해야 한다. 나아가 해결 방향은 무엇인지를 함께 보여줘야 한다. 한마디로, 이 글에서 다루고자 하는 바를 명확하게 보여줄 때 서론은 그 역할을 충실히 한 것이다.

이어서 본론의 전개 방향을 예고하면서 서론을 마무리하면, 논의의 방향이 보다 명확해져 독자가 글의 전체적인 구조를 파악할 수 있다. 소논문은 짧은 분량의 글이므로 자세한 내용을 미리 담아내기보다는 본론에서 다룰 주요 논점이나 순서를 간략하게 서술하면 충분하다.

예시 26

디지털 기술의 발전으로 우리의 삶은 편리해졌으나 동시에 방대한 양의 데이터가 생성되고 축적되었다. 우리는 매일같이 수십 장의 사진을 찍고, 수많은 파일을 저장하며, 한 번도 열어보지 않은 이메일을 무한히 쌓아 두곤 한다. 이렇게 사용되지 않고 방치된 데이터는 바로 디지털 쓰레기이다. 디지털 쓰레기는 단순한 저장 문제가 아니라, 서버 유지 비용, 에너지 소비, 탄소 배출 등으로 이어지는 환경 비용을 발생시킨다. 국제에너지기구에 따르면 세계 데이터센터의 전력 소비량은 해마다 증가 추세에 있다(IEA 2025). 이는 데이터가 물리적 자원과 환경에 영향을 미친다는 것을 보여주는 지표라 할 수 있다. 물리적 쓰레기와 달리 디지털 쓰레기는 여전히 문제로 인식되지 않고 있으며, 이에 대한 사회적 대응은 미흡한 상황이다. 따라서 사회적, 환경적 측면에서 디지털 쓰레기 문제의 심각성을 분석하고, 실질적으로 이를 줄일 수 있는 해결책이 필요한 시점이다. 이러한 관점에서, 이 글에서는 먼저 디지털 쓰레기 문제에 대한 기존 대응 방식의 한계를 살펴본 뒤 해결 방안을 제안하고자 한다. 나아가 그 실현 가능성과 기대 효과를 분석할 것이다.

예시는 '사회 전반의 디지털 기반 확대에 따라 디지털 쓰레기 문제가 대두되고 있으므로 이 문제에 관해 관심을 가지고 해결할 필요가 있다'라는 주제문을 중심으로 작성한 소논문의 서론이다. 도입부에서는 사회적 배경과 함께 일상적 장면의 사례를 활용하면서 주제와 관련된 문제의식을 자연스럽게 환기시키고 있다. 이와 함께 핵심 용어에 대한 정의와 실질적인 자료 인용을 통해 논점을 구체화하고 있다. 이어서 인식 부족에 대한 문제를 제기하며 사회적, 환경적 측면으로 초점을 좁힌 뒤 해결 방안의 필요성을 강조하고 있다. 마지막으로 글의 전개 순서를 제시하고 있다.

연습문제 7

- '대학생 독서율을 높이기 위한 방안'을 제안하는 소논문을 작성해야 한다. 낮은 독서율의 심각성을 강조하면서 해당 글의 서론을 작성해 보자. (600자 내외)

100

200

300

400

500

600

700

6 본론 쓰기

··· 기존 해결 방안 검토

본론에서는 핵심 주장과 이를 뒷받침하는 근거를 서술해야 한다. 서론에서 '무엇이 문제인가'를 밝힌다면, 본론에서는 '어떻게 해결할 것인가'를 구체화해야 한다. 본론의 구성 방식은 문제의식과 주제에 따라 다를 수 있지만, 문제 해결을 목적으로 하는 소논문에서는 '기존 해결 방안 검토', '새로운 해결 방안', '기대 효과' 세 단계로 구성하는 것이 효과적이다. 문제에 대한 분석과 함께 자신이 주장하는 방안의 타당성을 논리적으로 입증할 수 있기 때문이다.

본론의 첫 부분은 소논문에서 다루고 있는 문제와 관련해 이미 시도되었거나 논의된 해결 방안들을 검토하는 문단이다. 문제의 현황을 함께 제시하면서, 이를 해결하기 위한 기존의 방안들은 무엇이며 그 방안들이 문제를 충분히 해결하지 못한 이유를 비판적으로 분석할 필요가 있다.

기존 해결 방안을 검토하면 기존의 방안만으로는 이 문제를 해결할 수 없으며 오히려 더 심화될 수도 있다는 점을 강조할 수 있다. 무엇보다도 새로운 해결책이 반드시 필요하다는 점을 부각시킬 수 있다. 또한, 소논문에서 제시하게 될 새로운 해결 방안이 기존의 방안과 비교했을 때 어떠한 점에서 다른지 보여줄 수 있다.

기존 해결 방안을 검토하는 문단을 작성하기 위해서는 우선 문제와 관련된 기존의 방안들을 정리해야 한다. 구체적으로 어떤 정책들이 실행되었는지, 문제를 해결하기 위해 시도된 프로그램은 어떤 것들이 있었는지, 전문가들의 의견은 어떠했는지 등을 간략하게 제시한다.

수집한 자료를 활용할 때는 앞서 살펴본 것처럼 적절한 방식으로 인용하고 그 출처를 분명하게 표기해야 한다. 상세개요를 작성하면서 수집한 자료를 실제로 인용해보면 다음과 같다.

예시 27

최근 네이버 데이터센터 '각 세종'은 국제적 친환경 건물 인증 제도의 플래티넘 등급을 획득했다. "설계 및 건축 단계부터 에너지 효율성 확보와 자연 녹지 보호를 고려해 지속가능한 IDC 운영을 실천"(네이버 2024)했다는 점에서 높은 평가를 받았다.

이처럼 디지털 쓰레기로 인한 에너지 낭비를 방지하려는 방안들이 시도되고 있지만, 디지털화가 지속적으로 확대된다는 점에서 궁극적인 해결책이 될 수는 없다. 데이터센터의 효율성 개선만으로 빠르게 증가하는 데이터의 처리량과 저장 용량을 상쇄하는 것은 어렵기 때문이다.

인용할 때는 본론에서 다루는 내용과 밀접하게 관련 있는 부분만 가져와야 한다. 불필요한 내용까지 지나치게 많은 부분을 가져오면 논의의 흐름을 해칠 수 있고, 인용한 부분의 핵심이 무엇인지 파악하기 어려워진다. 무엇보다도 자신의 문장을 채울 공간이 부족해진다. 직접 인용을 활용한 예시에서는 기존 방안의 한계를 지적하고 있다.

예시 28

정부 차원에서 불필요한 이메일을 삭제하는 캠페인이 진행된 바 있다(환경부 2021). 이러한 캠페인은 기본적으로 '디지털 탄소발자국'에 대한 사람들의 인식을 개선하고, 일상에서 에너지 절약 및 탄소 배출 저감에 동참할 수 있도록 만든다는 점에서 의미가 있다.

그러나 개인이 실천할 수 있는 범위는 제한적이며 그 효과도 크지 않다는 점에서 본질적인 한계가 있다. 디지털 쓰레기 문제는 개인보다는 대량의 데이터를 다루는 기관 및 기업의 데이터 관리가 더 중요하기 때문이다. 또한, 디지털 쓰레기 감소를 위한 실천 자체가 디지털 쓰레기를 만들어낼 수 있다. 예를 들어, 캠페인을 알리는 메일 역시 추가적인 데이터이자 삭제되어야 할 디지털 쓰레기가 된다. 따라서 개인의 실천을 독려하는 캠페인과 같은 방안은 근본적인 해결책이 되기 어렵다.

간접 인용은 원문의 내용을 압축해 자신의 표현으로 바꿔서 제시하는 방식이다. 인용할 부분을 요약한 문장과 자신의 문장이 함께 서술되므로, 올바른 출처 표기를 통해 간접 인용한 부분을 분명하게 구분해야 한다. 간접 인용을 활용한 예시에서는 기존 방안의 범위가 제한적이라는 점을 비판하면서 또다른 문제가 발생할 수 있음을 제시하고 있다.

이처럼 인용한 자료들을 단지 나열하는 데서 그쳐서는 안 된다. 그 자료들이 자신의 주장과 어떠한 관련이 있는지 반드시 설명해야 한다. 기존 방안과 관련된 자료를 인용한다면, '이런 방안이 있었다'라고 소개만 하는 것이 아니라 그 방안의 한계와 문제점에 대한 비판적인 분석이 이어져야 한다. 현실성이 없다든지, 범위가 제한적이라든지, 비용이 지나치게 많이 투입된다든지, 실행했을 때 또다른 문제가 발생한다든지 등 다양한 관점으로 한계와 문제점을 지적할 수 있다. 이를 통해 독자는 기존 방안만으로는 부족하다는 것을 인식하고, 소논문에서 제시할 새로운 해결 방안을 기대하도록 만들어야 한다.

연습문제 8

- 대학생들의 독서율 감소에 대한 해결 방안으로 '도서관의 장서 확충 및 시설 현대화', '독서 마일리지 제도 운영', '교양 필독서 지정 및 독후감 제출 의무화' 등이 시도된 바 있다. 기존 방안 중 하나를 선택해, 그 방안의 한계나 문제점을 지적하는 문단을 작성해 보자. (600자 내외)

··· 새로운 해결 방안

새로운 해결 방안을 제시하는 문단은 글의 핵심이라 할 수 있다. 이 부분에서는 소논문에서 주장하는 방안은 무엇인지, 실현 가능성은 어느 정도인지, 어떻게 문제를 해결할 수 있는지를 구체적으로 서술해야 한다. 해결 방안을 주장하기 위해서는 어떤 관점에서 이 문제를 해결하려고 하는지에 대해서 함께 서술해주는 것이 좋다. 해결 방안의 방향성을 제시하는 것이다.

새로운 해결 방안을 제시할 때는 구체성을 확보하는 것이 가장 중요하다. '인식을 개선해야 한다'라든가 '제도를 마련해야 한다'와 같은 추상적 제안은 공허한 울림일 뿐이다. 누가 주체가 되어 실행해야 하는지, 그 방법과 절차는 어떠한지를 명확히 밝혀야 독자를 설득할 수 있다.

소논문에서 제시하는 해결 방안이 효과적이라고 주장하기 위해서는 그 해결 방안이 왜 효과적인지에 대해 구체적인 이유와 근거를 제시해야 한다. 이론적 배경, 참고할 수 있는 사례, 전문가의 의견이나 실증적인 데이터 등을 활용하여 근거로 뒷받침할 수 있다.

기존 해결 방안을 검토하는 과정에서 드러난 한계나 문제점을 보완하고 극복하는 것 또한 또다른 해결 방안으로 기능할 수 있다. 기존의 방안과 차별점을 명확히 할 수 있다면, 충분히 효과적이고 실현 가능성이 높은 해결 방안으로 받아들여질 것이다.

예시 29

디지털 쓰레기 문제를 근본적으로 해결하기 위해서는 데이터 수명주기 관리의 측면에서 접근할 필요가 있다. 에너지 효율성보다 데이터의 총량 자체를 조절하는 것이 문제 해결의 핵심이기 때문이다. 데이터 수명주기는 데이터의 생성부터 저장과 활용 그리고 폐기에 이르는 과정을 의미한다. 데이터 수명주기 관리는 데이터가 생성되는 시점부터 그 가치와 보존 기간을 설정하고, 지속적으로 효용성을 평가하는 적극적인 관리 체계이다. 데이터 수명주기 전반에 걸쳐 보다 효율적인 관리를 시행하면 보관해야 할 가치 있는 데이터와 그렇지 않은 데이터를 명확히 구분하여, 데이터가 무분별하게 쌓이는 것을 방지하고 디지털 쓰레기를 미리 선별할 수 있다. 이러한 관리 체계는 기술적 도구를 통해 실행력을 높일 수 있다. 일부 기업들은 인공지능과 자동화 기술을 활용하여 불필요한 데이터를 자동으로 식별하고 삭제하는 시스템을 운영하고 있다. 데이터 수명주기 관리를 바탕으로 한 기술과 서비스를 적극적으로 활용한다면 실제로 사용하지 않는 중복 파일, 오래된 백업 데이터, 임시 파일 등을 쉽고 정확하게 관리할 수 있다.

따라서 기관 및 기업에서는 디지털 쓰레기를 줄이기 위해 데이터 수명주기 관리를 체계적으로 활성화할 필요가 있다. 기본적으로는 기관 및 기업에서 정기적인 교육을 통해 데이터 수명주기 관리의 필요성을 인식시켜야 한다. 특히, 데이터 수명주기 관리에 대해서는 데이터 유출 방지와 같이 보안의 측면에서만 고려하는 경향이 있는데, 불필요한 데이터까지 보관할 때 발생하는 추가적인 비용과 문제에 대해 인식하도록 유도해야 한다. 이어서 실질적인 실행을 위해 일정 기간 동안 접근되지 않은 데이터는 자동으로 삭제할 수 있는 기술을 도입하고, 관리 정책 수립 및 책임자 지정 등 제도적 뒷받침이 필요하다. 이러한 방안은 기존의 에너지 효율화 정책과 달리 데이터의 생성과 사용 전 과정에서 불필요한 데이터를 획기적으로 줄일 수 있다. 그러므로 앞으로 디지털화가 가속화되더라도 지속적인 대응이 가능하다.

예시에서는 디지털 쓰레기 문제를 해결하기 위해 데이터 수명주기 관리를 해결 방향으로 설정하고 있다. 이는 문제를 해결하는 방법에 대한 이론적 배경이 될 수 있다. 이어지는 내용에서는 현실화할 수 있는 방안들이 뒤따르고 있다. 이처럼 해결 방안을 작성할 때는 인식을 개선한다면 어떻게 해야 하는지, 제도를 마련해야 한다면 어떻게 해야 하는지를 구체적으로 밝히는 것이 중요하다. 또한, 데이터 수명주기 관리에 대한 보안 중심의 기존 인식과 달리 예시의 해결 방안은 데이터의 보관과 처리를 강조한다는 점에서 차별점을 두고 있다.

연습문제 9

- 대학생 독서율을 높이기 위한 새로운 해결 방안을 주장하는 문단을 작성해 보자. 제시한 방안의 실현 가능성을 뒷받침할 수 있는 자료를 근거로 활용해 보자. (1,000자 내외)

··· 기대 효과

새로운 해결 방안을 제안했다면, 그 해결 방안이 가져올 긍정적인 변화와 전망을 보여줘야 한다. 기대 효과를 서술하는 문단은 해결 방안이 지닌 가치를 인식시킬 수 있는 중요한 부분이다. 기대 효과는 단순한 추측이 아니라 합리적인 예측임을 입증해야 한다. 기대 효과를 과장하거나, 근거 없이 희망적인 전망만 제시하는 것은 신뢰도를 떨어뜨리는 일이므로 주의해야 한다. 예를 들어, '데이터 수명주기 관리를 시행하는 것만으로도 디지털 쓰레기는 빠른 시일 내에 완전히 사라질 것이다'라는 기대 효과는 지나치게 낙관적이다. 해결 방안을 실행할 때의 사회적, 경제적 비용이나 적용 단계 등을 고려하지 않고 기대되는 효과만 언급한다면 그 방안은 설득력을 갖추기 어려울 수밖에 없다. 이전 문단들과 마찬가지로 논리적인 추론과 근거를 바탕으로 한 예측이 제시되어야 한다.

예시 30

데이터 수명주기 관리의 활성화를 통해 실질적으로 디지털 쓰레기를 감소시키는 효과를 기대할 수 있다. 데이터의 생성과 사용 그리고 폐기에 이르는 각 단계에서 불필요한 데이터를 효율적으로 처리할 수 있기 때문이다. 효용 가치가 떨어진 데이터가 시스템에 방치되어 공간만 차지하는 상황을 방지할 수 있다. 바꿔 말하면, 디지털 쓰레기의 누적을 사전에 차단함으로써 근본적인 억제 효과를 기대할 수 있다. 디지털 쓰레기의 원인을 미리 제거하는 예방적 차원의 접근이 가능해지는 것이다.

또한, 불필요한 데이터를 폐기하면 이를 저장하는 데 사용되었던 관련 비용을 절감할 수 있다. 단지 저장 공간을 확보하는 것뿐만 아니라, 보관에 요구되는 자원 낭비를 막을 수 있다. 데이터센터의 경우 냉각 시스템 운영에 많은 에너지가 소요되는데, 저장하는 데이터의 양이 줄어들면 냉각 부담이 감축되어 에너지 자원을 절감할 수 있다. 스토리지 장비의 가동률이 낮아지면서 자연스럽게 발열량이 줄어들고, 이를 식히기 위한 전력 소비도 감소하기 때문이다. 결과적으로 기관 및 기업의 비용 절감뿐만 아니라 환경적 지속가능성까지 확보할 수 있다.

기대 효과는 크게 두 가지 방향으로 접근할 수 있다. 하나는 직접적 효과로, 문제의 핵심 요인이 개선되거나 해결되리라는 점을 강조하는 것이다. 예시에서는 디지털 쓰레기 문제를 해결하기 위한 데이터 수명주기 관리 활성화가 실질적으로 디지털 쓰레기 자체를 감소시킬 수 있다는 직접적 효과를 먼저 서술하고 있다. 다른 하나는 간접적 효과로, 직접적인 문제 해결에서 파생될 수 있는 부가적인 효과를 예상하는 것이다. 예시에서는 데이터센터 운영과 관련된 비용을 절감할 수 있다는 간접적 효과를 덧붙이고 있다.

연습문제 10

대학생 독서율 향상을 위해 '전공별 독서 커뮤니티 운영'을 제안하고자 한다. 전공 분야별로 교수 1명과 학생 10~15명이 한 학기 동안 정기적으로 만나 전공 관련 도서를 함께 읽고 토론하는 프로그램이다. 이 방안의 기대 효과를 분석하는 문단을 작성해 보자. (600자 내외)

··· 논증의 전략

논증은 자신의 주장을 적절한 근거로 뒷받침하여 독자를 설득하는 서술 방식이다. 자신의 견해를 나열하는 것은 단지 주장에 불과하지만, 그 주장에 대한 논리적인 이유를 제시하여 정당성을 확보할 때 논증이 성립한다. 즉, 논증은 핵심적인 주장과 이를 뒷받침하는 근거의 유기적인 결합이다. 따라서 성공적인 논증을 위해서는 자신이 전달하고자 하는 바가 무엇인지 명확히 하고, 독자가 받아들일 수 있는 합리적인 이유를 제시해야 한다.

주장이 독자에게 설득력 있게 전달되기 위해서는 자신의 논증 구조를 객관적으로 재구성해보는 과정이 필요하다. 이때 주장과 근거의 연결성뿐만 아니라 '숨겨진 전제'가 있는지 확인해야 한다. 이는 주장과 근거 사이에 논리적인 비약이 없는지 점검하는 작업이다. 글을 쓰다보면 자신의 머릿속에 있는 생각이나 배경지식을 생략해버리는 경우가 발생하기도 한다. 이때 생략된 부분이 독자에게는 전혀 명백하지 않은 내용이라면 동의나 공감을 얻기 어려울 것이다. 숨겨진 전제가 논리를 전개할 때 필수적인 연결고리일 수 있기 때문이다. 특히, 자신이 당연한 상식이라고 믿어서 생략한 전제일수록 주의해야 한다. 독자에게는 편견이나 고정관념으로 여겨질 수 있다.

따라서, 설득력 있는 논증을 전개하기 위해서는 생략된 부분이 존재해서 자신의 논증을 약하게 만드는 것은 아닌지 확인하고, 이를 분명하게 드러내는 것이 바람직하다. 예를 들어, 디지털 쓰레기 문제를 다루는 소논문에서 '디지털 쓰레기는 데이터 쓰레기'라는 전제를 가지고 있더라도 이를 직접적으로 표현하지 않으면 독자와의 소통은 엇갈리게 된다. 독자는 폐기된 스마트폰이나 컴퓨터 부품처럼 '디지털 쓰레기는 물리적 전자 폐기물'이라는 전제를 가지고 있을 수 있기 때문이다. 이러한 혼란을 방지하기 위해서 숨겨진 전제를 드러내야 한다. '이 글에서 다루는 디지털 쓰레기는 데이터 쓰레기를 의미한다'와 같이 전제를 명시하면, 독자는 소논문의 관점을 정확히 이해하고 내용에 몰입하게 될 것이다.

또한, 강한 논증을 구성하기 위해서는 자신의 주장만 일방적으로 제시하는 것이 아니라 예상되는 반론을 미리 언급하고 이에 대응하는 것이 효과적이다. 반론을 수용하거나 반박하는 것은 독자를 자신의 글로 끌어들이는 하나의 방법이기도 하다. 반론 언급은 자신의 주장에 대해 독자가 제기할 수 있는 의문을 다루는 것이기 때문이다.

기존 해결 방안을 검토하고 그 한계를 지적할 때는 기존 방안에 대해 옹호하는 입장을 가진 논의를 언급하고 대응하는 것이 가능하다. 새로운 해결 방안을 제시할 때는 또다른 방안의 가능성을 일부 인정하면서도 자신의 방안이 더 효과적이라는 점을 강조할 수 있다. 기대 효과를 제시할 때는 예상할 수 있는 한계나 부작용을 언급하고, 이를 최소화할 수 있는 방안을 통해 균형 잡힌 논의를 펼칠 수 있다.

이처럼 반론을 적절하게 언급하면 설득력 있는 논증을 전개할 수 있다. 반론 언급은 여러 관점을 고려하고 있음을 보여줄 수 있고, 논의의 균형과 신뢰를 높일 수 있다는 점에서 중요하다. 가능한 반론을 언급하지 않으면 편향적인 논의로 보일 수 있다. 반대로 반론을 지나치게 많이 제기하면 논점이 흐려지는 역효과가 발생할 수도 있으므로, 핵심적이고 필수적인 반론을 선별해서 깊이 있게 다루는 것이 효과적이다.

반론 언급은 자신의 주장을 충분히 전개한 후, 자신의 주장에 대한 비판이나 의문을 제시하는 것이다. 반론은 짧은 하나의 문장으로 처리할 수도 있으며, 반론을 자세하게 다루기 위해 하나의 문단을 구성할 수도 있다. 다만, 반론만 제기하면 당연히 자신의 주장은 약화될 것이다. 예측 가능한 반론을 언급하고 이에 대응하는 방식으로 적절히 활용해야 강한 논증을 구사할 수 있다. 이때 자신의 주장을 단순히 되풀이하기보다는, 추가적인 근거를 제시하면서 반박하는 것이 바람직하다. 이를 통해 독자의 입장에서 발생할 수 있는 비판이나 의문을 미리 해소함으로써 설득력을 높일 수 있다. 따라서 쉽게 반박할 수 있는 약한 반론을 의도적으로 만드는 것보다는, 실제로 설득력 있는 반론을 제시해야 깊이 있는 논증을 구성할 수 있다.

예시 31

데이터 수명주기를 관리하는 기술을 도입하는 것은 현실적인 대안이 되기 어렵다고 바라보는 사람들도 있다. 디지털 쓰레기를 줄이면서 얻게 되는 에너지 절약 효과보다 관련 시스템을 구축하고 운영할 때 들어가는 비용이 더 크다는 것이다. 특히, 데이터를 폐기하는 과정에서 이후에 재활용 가능성이 있거나 예상하지 못한 가치를 창출할 수 있는 잠재적 데이터를 손실할 우려 역시 제기될 수 있다.

문제 해결의 소논문에서 주된 반론은 제시된 해결책에 대한 비판이다. '해결방향은 실질적으로 문제를 해결하지 못한다', '추상적인 해결책이다', '실현 가능하지만 그 효과는 적다', '다른 해결책이 더 효과적이다' 등의 반론이 제기될 수 있다. 예시에서는 '사회적 또는 경제적 비용이 크다', '또다른 문제가 발생할 수 있다'는 반론을 언급하고 있다. 이처럼 반론을 제시할 때는 다양한 각도에서 접근하면서도 실질적인 반론을 제시하는 것이 중요하다.

예시 32

데이터 수명주기를 관리하는 시스템을 구축할 때 상당한 초기 비용과 운영 비용이 수반될 수 있다는 지적은 타당하다. 그러나 이러한 문제는 해결 방안을 기술 도입이라는 측면에서만 접근할 때 발생하는 것이다. 단기적으로는 정책적 지원을 통해 재정 부담을 완화할 수 있을 것이며, 장기적으로는 불필요한 데이터를 삭제함으로써 얻게 되는 관리 비용 절감 효과가 초기 비용을 상쇄할 수 있다. 따라서 데이터 수명주기 관리를 통한 디지털 쓰레기 처리는 환경 보호와 비용 효율성을 동시에 달성하는 장기적인 방안이다.

예상된 반론에서 타당한 지점이 존재한다면 이를 일부 수용하고 재반론을 펼칠 수 있다. 예시처럼 언급한 반론의 논의에서 타당한 부분은 인정하면서도, 범위나 단계를 재설정하는 등 조건을 마련해서 반론에서 제기하는 문제점을 보완하는 것이다. 이처럼 주장하는 해결 방안의 방향성은 유지하되, 조정된 방안을 재반론으로 구성한다면 설득력을 갖출 수 있다.

예시 33

데이터 수명주기를 관리할 때 데이터를 폐기하는 과정에서 잠재적으로 가치가 있는 데이터를 손실할 수 있다는 우려는 핵심을 제대로 파악하지 못한 것이다. 데이터 수명주기 관리의 핵심은 모든 데이터를 폐기하는 것이 아니라 불필요하거나 사용되지 않는 데이터를 선별적으로 폐기하는 데 있다. 기관이나 기업의 비활성 데이터 비율이 높고 이를 유지하기 위한 비용 역시 크다는 점(임태훈 외 2010: 167)을 참고할 때, 데이터 쓰레기를 제외하는 것은 핵심적인 데이터를 보다 효율적으로 관리하는 방안이라 할 수 있다.

예시처럼 언급한 반론을 전면적으로 반박하는 것도 가능하다. 해당 반론이 논점에서 벗어나 있다는 점을 강조하거나 오류를 범하고 있다는 점을 밝혀내는 것이다. 단순하게 반박하는 것이 아니라, 적절한 근거를 제시해 해당 반론을 무력화하면 보다 효과적인 재반론이 될 수 있다.

이처럼 반론에 대응할 때는 언급한 반론의 논리적 오류를 드러낼 수 있다. 예를 들어, 잠재적 데이터의 손실을 문제 삼는 반론에서 모든 데이터가 잠재적 가치를 지니고 있는 것이 아님에도 불구하고 그 손실을 데이터 수명주기 관리에서 발생하는 일반적인 문제인 것처럼 확대한다면 성급한 일반화에 기반한 비판에 해당한다. 논리적 오류이므로 반론에 대한 재반론에서 이를 반박할 수 있다.

다른 한편으로, 소논문을 작성하면서 논증을 펼칠 때는 오류가 발생할 수 있다는 사실을 인식하고 그 오류를 피해야 한다. 재반론을 구사할 때도 마찬가지이다. 예를 들어, 기존의 에너지 효율화 시도가 더 효과적이라는 반론에 대해, 데이터 수명주기 관리를 도입하지 않으면 디지털 쓰레기 문제는 절대 해결되지 않는다는 식으로 기존 논의와 자신의 주장을 양자택일의 문제로 제시하는 것은 흑백논리의 오류로 읽힐 수 있다. 둘은 상호 보완적임을 언급한다면 보다 적절한 재반론이 될 수 있다.

예시 34

데이터 수명주기 관리와 관련해서, 인공지능을 활용해 데이터를 관리하는 기술이나 서비스가 존재한다. 이러한 기술이나 서비스에도 데이터가 필요하고, 그 데이터에 대한 비용 역시 발생할 것이다. 즉, '디지털 반등 효과'에 대한 우려가 뒤따를 수밖에 없다(Alcott 2005; Coroamă and Mattern 2019). 그러나 이러한 기술을 사용해서 불필요한 데이터를 최소화하거나 폐기한다면, 그로 인한 에너지 효율이 더 향상될 것이다. 따라서 디지털 반등 효과는 일시적으로 발생할 수도 있겠지만, 장기적으로 봤을 때 기술을 활용한 보다 체계적이고 효율적인 데이터 관리의 기대 효과가 더 크다고 할 수 있다.

반론 언급과 재반론을 종합한 예시에서는 디지털 쓰레기를 관리하는 기술에 소모되는 에너지가 증가할 수 있다는 반론을 언급하고 있다. 해당 반론에 대한 재반론으로, 반론의 논지를 일부 인정하면서도 제시된 해결 방안의 실효성이 더 높다는 점을 강조하고 있다. 이처럼 반론을 언급하고 재반론을 펼치면 자신의 주장을 공고히 전달할 수 있다.

소논문을 작성할 때는 서로 다른 관점이 존재한다는 사실을 다시 한번 떠올려야 한다. 주장을 펼친다는 것은 쟁점이 되는 사안에 대해서 자신의 입장을 세우는 것이다. 바꿔 말하면, 독자에게 자신의 의견이 다른 사람들의 의견보다 더 유효하다는 것을 입증해나가는 과정이다. 자신과는 다른 입장이 반드시 등장할 수밖에 없다. 자신과 다른 의견은 곧 반론에 해당한다. 가능한 반론은 당연히 존재하므로, 이를 예측하고 효과적으로 대응해야 논증이 강화될 수 있다. 반론에 대한 고려만으로도 자신의 주장을 성급하게 일반화하거나 또다른 해결 방향을 배제하는 등 논증에서 발생할 수 있는 오류를 피할 수 있다.

연습문제 11

대학생 독서율 향상을 위해 '전공별 독서 커뮤니티 운영'을 제안하고자 한다. 이 주장에 대해 제기될 반론을 한 가지 제시하고, 그 반론을 전면적으로 반박하는 문단을 작성해 보자. (600자 내외)

연습문제 12

대학생 독서율 향상을 위해 '전공별 독서 커뮤니티 운영'을 제안하고자 한다. 이에 대해 (a) '독서 커뮤니티는 시간 부담이 커서 참여율이 낮아진다' (b) '전공 중심 운영은 독서의 다양성을 떨어뜨린다'는 반론을 예상할 수 있다. 두 반론 중 하나를 선택한 뒤, 선택한 반론을 부분 수용하여 조정한 해결 방안을 작성해 보자. (600자 내외)

7 결론 쓰기

결론은 글의 마지막 부분이다. 결론을 지나치게 짧게 쓰거나, 형식적으로 글을 마치는 것은 전체적인 완성도를 해치게 되므로 피해야 한다. 무엇보다도, 독자에게 전하고자 하는 핵심을 결론까지 미루지 않도록 주의해야 한다. 자신의 주장과 관련된 논의는 본론에서 충분히 소화해야 하고, 결론에서는 그 논의를 간추려서 제시해야 바람직하다. 결론에 이르러서야 자신의 주장이 갑자기 등장하는 것은 본론에서 글의 핵심이 제대로 전달되지 않았다는 것을 의미하며, 다른 한편으로는 본론에서 다루지 않았던 새로운 주장이 등장하는 듯한 인상을 줄 위험도 있다.

결론의 역할을 적절히 수행하기 위해서는 서론에서 제기했던 문제를 환기하고, 본론에서 다루었던 논의를 정리해서 자신의 주장을 다시 강조하는 방식으로 문단을 구성해야 한다. 물론, 본론까지의 내용을 정리할 때는 본론에서 언급한 내용을 그대로 반복하지 않으면서 압축적으로 제시할 수 있어야 한다.

본론까지의 논의를 요약적으로 제시했다면, 해당 논의의 의의와 가치를 서술하는 것도 효과적이다. '이론적 틀을 확장했다', '실질적으로 문제 해결에 기여할 수 있는 방안을 제시했다', '사회에 긍정적 영향을 미칠 수 있다' 등의 방식으로 자신의 주장이 가지는 의의와 가치를 밝히는 것이다. 이때, 현실적인 측면을 고려해서 서술하는 것이 바람직하다.

의의와 함께 한계나 향후 과제를 덧붙일 수도 있다. 미처 다루지 못한 부분이나 한계를 인정하면서, 이를 바탕으로 이후의 논의 방향을 제안하는 내용을 서술한다면 논의의 지속성을 확보할 수 있다.

이어서 독자의 실천이나 전망을 제시한다면 효과적으로 글을 마칠 수 있다. 서론을 통해 소논문으로 들어온 독자는 본론을 거쳐 결론을 끝으로 이 글에서 나가게 된다. 소논문에서 제기한 문제와 해결 방안에 대해 설득되었다면, 독자의 생각에 변화가 생겼을 것이다. 지금까지의 논의를 한 번 더 생각할 수 있도록, 여운을 남길 수 있는 문장으로 글을 마치는 것 또한 인상적인 방법이 될 수 있다.

예시 35

이상으로 디지털 쓰레기 문제의 해결 방안을 살펴보았다. 디지털 쓰레기는 현대 사회에 필연적인 현상으로 보이지만, 적절한 관리를 통해 충분히 통제 가능한 문제이다. 에너지 효율에 집중한 기존의 대응책들이나 캠페인 위주의 방안들은 근본적인 한계를 지니고 있다. 이러한 한계를 극복하고 디지털 쓰레기 문제를 해결하기 위해서는 데이터 수명주기 관리의 활성화가 필수적이다. 이를 통해 디지털 쓰레기 생성이라는 근본적인 문제를 조기에 차단하면서 지속 가능한 데이터 관리를 실현할 수 있다. 물론 데이터센터로 한정지어서는 늘어나는 디지털 쓰레기를 비롯해 데이터 자체의 증가와 관련된 문제들을 해결하기 어려울 것이다. 공급망에서의 탄소 배출량은 여전히 증가 추세인 만큼, 산업 전반에서 데이터와 관련한 사회적, 환경적 비용을 줄여나가기 위한 논의가 향후 과제로 남아 있다. 기술적인 접근뿐만 아니라 시민 사회의 관심과 국제적 협력을 이끌어내기 위한 지속적인 논의가 필요하다. 이 글과 이를 읽는 독자의 작은 변화가 그 출발점이 될 수 있을 것이다.

예시에서는 서론의 문제 제기를 다시 가져오면서 기존 방안의 한계와 새로운 해결 방안을 재강조하고 있다. 이어서 제시하는 향후 과제를 통해 소논문이 다루고 있는 주제인 디지털 쓰레기 문제에 대한 연속성을 부여하고 있다. 마지막으로, 전망을 제시하고 여운을 남기는 문장을 통해 결론을 맺고 있다.

연습문제 13

● 다음 개요를 바탕으로 결론을 작성해 보자. (500자 내외)

• 개요

제목: 대학생 독서율 향상 방안

서론: 최근 독서량 감소와 그로 인한 학습 역량, 인문 소양 저하 문제 제기

본론

기존 방안 검토: 도서관 장서 확충 및 시설 현대화, 독서 마일리지 제도 운영, 교양 독서 지정 및 독후감 제출 의무화

새로운 방안: 전공별 독서 커뮤니티 운영, 독서 토론 프로그램 운영, 전자책 지원

기대 효과: 전공 연계 심화 학습, 학습공동체 형성

300

400

500

600

참고문헌

김병권. 2025. 「기후에 부담을 적게 주는 AI와 데이터센터」. 『매일노동뉴스』. 5. 13. https://www.labortoday.co.kr/news/articleView.html?idxno=227870

김석근. 2004. 『언어학개론』. 진주: 경상대학교출판부.

김성철, 권영선, 김민기, 김성륜, 남찬기, 류민호, 안정민, 이홍규, 정윤혁, 최세정. 2016. 『인터넷 생태계에 대한 9가지 질문』. 파주: 나남.

김태호, 강영은, 박창석. 2019. 「환경지속가능도시 계획의 정책평가: 3개 사례지역을 중심으로」. 『환경정책』 27 (2), 215-242.

김현우. 2025. 「아직도 도시는 선인가」. 『경향신문』. 11. 21.

네이버. 2024. 「네이버, 데이터센터 각 세종까지 LEED 플래티넘 획득… 친환경 분야도 글로벌 최고 수준 입증」. 네이버(주) 웹사이트. https://www.navercorp.com/media/pressReleasesDetail?seq=31837

류민우, 김소희. 2024. 「통신사업자의 탄소 중립 대응 분석 및 탄소배출 규제 접근 방향성 고찰」. 『한국통신학회논문지』 49 (10), 1419-1435.

박지윤, 이유진. 2022. 「한국 웹뮤지컬의 성과와 전망」. 『차세대융합기술학회논문지』 6 (11), 2265-2278.

사샤 나스피니. 2021. 『불만의 집』. 최정윤 역. 서울: 민음사.

서진석, 강민영. 2025. 「AI 시대, 데이터센터 환경 영향 관리방안: 국내 기업의 현주소와 과제」. 사단법인 녹색전환연구소.

안혜지, 김종희. 2024. 「한국어 유행 표현의 유형」. 『한국어 의미학』 (85), 159-189.

양정현. 2017a. 「현대 소설에 나타난 나무 변신의 모티프 연구 - 이승우, 이청준, 한강의 소설을 중심으로」. 『문학과 환경』 16 (1), 73-122.

______. 2017b. 「『난장이가 쏘아올린 작은 공』에 나타난 교육의 주제 연구 - 말과 지식의 양가성을 중심으로 -」. 『현대문학이론연구』 (70), 213-243.

오영근. 2018. 『형법총론 (제4판)』. 서울: 박영사.

이유진. 2008. 「이몽룡: 사랑하지 않을 수 없는 남자」. 『우리 고전 캐릭터의 모든 것: 우리가 몰랐던 고전 캐릭터의 참모습』 2. 서대석 편, 270-285. 서울: 휴머니스트.

______. 2013. 「판소리에 담긴 철학적 물음들과 해답들」. 『구비문학연구』 (37), 1-36.

______. 2024. 「토속민요에 대한 1960년대 라디오 프로그램의 인식: 다큐멘터리 시리즈 『민족의 향기』(1967~1968)의 사례 연구」. 『구비문학연구』 (74), 257-285.

이은창. 2025. 「전남 350억대 민간투자 무산 위기…“업계 진입장벽에 막혀”」. 『국민일보』. 10. 23. (수정일: 11. 13.) https://www.kmib.co.kr/article/view.asp?arcid=0028867043&code=61121111&cp=nv

이일우. 2022. 「지속가능한 탄소중립 디지털화 전망」. 『정보와 통신』 39 (8), 43-48.

이태하. 2022. 『종교적 믿음에 대한 몇 가지 철학적 반성』. 서울: 책세상.

임태훈, 서직수, 김선영. 2010. 「데이터 폐기 지침 마련을 위한 기초 연구」. 『정보관리연구』 41 (4), 165-186.

장미경. 2015. 「일제강점기 조선에서 불린 엔카(演歌) 고찰 -고가 마사오(古賀政男)를 중심으로-」. 『일본학연구』 45, 57-74.

장유정. 2019. 「딱지본 소설 속 유행가의 기능 -유행가 <술은 눈물일가 한숨이랄가>를 중심으로-」. 『한국시가연구』 47, 139-163.

정예지, 윤순진. 2024. 「디지털 탄소 발자국을 둘러싼 기후 행동과 비행동에 대한 탐색적 연구 - 기후인식이 높은 디지털 네이티브를 대상으로 -」. 『에너지기후변화교육』 14 (2), 57-74.

정진석. 1987. 『大韓每日申報와 裵說』. 서울: 나남.

카카오. 2025. 「2024 ESG 보고서」. 카카오 웹사이트. https://www.kakaocorp.com/media/esg-resource/pdf/Kakao_ESGReport2024_KR.pdf

한국환경정책학회 편. 2023. 『탄소중립시대의 환경정책』. 서울: 박영사.

한지연. 2022. 「빅데이터를 활용한 관광지로서 전통시장의 소비자 인식 연구」. 박사학위논문. 세종대학교.

허진혁. 2023. 「김유정 문학에 나타난 ‘행복’의 구조」. 『문화와 융합』 45 (5), 277-288.

———. 2025. 「김유정 소설의 응시와 수치심」. 『동아시아문화연구』 (100), 43-64.
환경부. 2021. 「더 늦기 전에 2050 탄소중립, 범정부 탄소중립 주간 운영」. 환경부.

Alcott, Blake. 2005. "Jevons' paradox." *Ecological Economics* 54 (1), 9-21.

Andrae, Anders S. G., and Tomas Edler. 2015. "On Global Electricity Usage of Communication Technology: Trends to 2030." *Challenges* 6 (1), 117-157.

Coroamă, Vlad C., and Friedemann Mattern. 2019. "Digital Rebound - Why Digitalization Will Not Redeem Us Our Environmental Sins." In *Proceedings of the 6th International Conference on ICT for Sustainability*, edited by Annika Wolff, 1-10. Lappeenranta: CEUR Workshop Proceedings https://ceur-ws.org/Vol-2382/

Garimella, Suresh V., Tim Persoons, Justin Weibel, and Lian-Tuu Yeh. 2013. "Technological drivers in data centers and telecom systems: Multiscale thermal, electrical, and energy management." *Applied Energy* 107, 66-80.

Gifford, Robert. 2011. "The Dragons of Inaction: Psychological Barriers That Limit Climate Change Mitigation and Adaptation." *American Psychologist* 66 (4), 290-302.

International Energy Agency(IEA). 2025. "Energy and AI." *IEA Reports*. https://www.iea.org/reports/energy-and-ai

Jahoda, Gustav. 2005. "Theodor Lipps and the shift from "sympathy" to "empathy"." *Journal of the History of the Behavioral Sciences* 41 (2), 151-163.

Marshall, George. 2014. *Don't Even Think About It: Why Our Brains are Wired to Ignore Climate Change*. New York: Bloomsbury USA.

Murphy, Richard. 2004. "Life cycle assessment." In *Green Composites: Polymer Composites and the Environment*, edited by Caroline Baillie, 23-48. Boca

Raton: CRC Press; Cambridge: Woodhead Publishing.

Prensky, Marc. 2001. "Digital Natives, Digital Immigrants Part 2: Do They Really Think Differently?" *On the Horizon* 9 (6), 1-6.

Vieweg, Klaus. 2023. *Hegel: The Philosopher of Freedom*. Translated by Sophia Kottman. Stanford: Stanford University Press.

Wispé, Lauren. 1986. "The Distinction Between Sympathy and Empathy: To Call Forth a Concept, A Word Is Needed." *Journal of Personality and Social Psychology* 50 (2), 314-321.

이유진

세종대학교 대양휴머니티칼리지 조교수

서울대학교 국어국문학과를 졸업하고, 서울대학교 대학원에서 국문학 전공으로 문학박사학위를 취득했다.

서울대학교, 서울시립대학교, 성신여자대학교, 동덕여자대학교, 한국방송통신대학교 강사, 세종대학교 초빙교수를 역임했으며, 대표 저술로 「창작판소리 <예수전> 연구」(2009), 「라디오방송을 위한 판소리 다섯 바탕: 김연수 판소리의 특질과 지향」(2012), 「동아방송(DBS) 판소리드라마 연구」(2017), “The Reimagination of *Ch'unhyangjŏn* during the Golden Age of Korean Radio Drama: *Obal Ch'unhyangjŏn* (1964-1965) and *Sŏul Ch'unhyangjŏn* (1965)”(2023) 등이 있다.

최정윤

세종대학교 대양휴머니티칼리지 초빙교수

한국외국어대학교 이탈리아어과를 졸업하고, 이탈리아 피사대학교(Univ. of Pisa) 대학원에서 이탈리아 근대문학 전공으로 문학박사학위를 취득했다.

한국외국어대학교, 가천대학교, 세종대학교, 동국대학교 강사를 역임했으며, 대표 저술로 『내게는 특별한 이탈리아어를 부탁해』(2022)와 역서 『노베첸토』(2018), 『물이 깊은 바다』(2020), 『불만의 집』(2021) 등이 있다.

양정현

세종대학교 대양휴머니티칼리지 초빙교수

서강대학교 국어국문학과를 졸업하고, 서강대학교 대학원에서 국문학 전공으로 문학박사학위를 취득했다.

서강대학교 대우교수, 한국항공대학교, 서울과학기술대학교, 세종대학교 강사를 역임했으며, 대표 저술로 「『난장이가 쏘아올린 작은 공』에 나타난 교육의 주제 연구—말과 지식의 양가성을 중심으로」(2017), 「대학생 프레젠테이션의 시각자료 활용 양상 연구—'짤방'의 활용과 그 창조적 가능성」(2022), 「김승옥 SF 소설 연구—「50년 후, Dπ9 기자의 어느 날」(1970)의 연구사적 함축에 대하여」(2025) 등이 있다.

박이정

세종대학교 대양휴머니티칼리지 초빙교수

서울대학교 국어국문학과를 졸업하고, 서울대학교 대학원에서 국문학 전공으로 문학박사학위를 취득했다.

서울대학교, 서울시립대학교, 세종대학교, 아주대학교, 홍익대학교 강사를 역임했으며, 대표 저술로 「석문정시가단(石門亭詩歌壇)의 성립과 그 의미」(2005), 「李重慶의 노래에 대한 인식 및 시가 창작의 양상과 그 의미」(2007), 「구강(具康) <사미인곡>에 나타난 연모의 성격과 의미」(2016) 등이 있다.

허진혁

세종대학교 대양휴머니티칼리지 초빙교수

한양대학교 국어국문학과를 졸업하고, 한양대학교 대학원에서 국문학 전공으로 문학박사학위를 취득했다.

한양대학교, 광운대학교, 을지대학교 강사, 수원대학교 객원교수를 역임했으며, 대표 저술로 「이상 소설 「十二月十二日」에 나타난 '죽지 않음'의 서사화」(2024), 「이태준 소설의 '이웃'과 타자성」(2024), 「김유정 소설의 응시와 수치심」(2025) 등이 있다.

부록

실습용 원고지

분반	학과	학번	성명	확인

500

600

700

800

분반	학과	학번	성명	확인

500

600

700

800

분반	학과	학번	성명	확인

100

200

300

400

500

600

700

800

분반	학과	학번	성명	확인

500

600

700

800

분반	학과	학번	성명	확인

100

200

300

400

500

600

700

800

분반	학과	학번	성명	확인

100

200

300

400

500

600

700

800

분반	학과	학번	성명	확인

100

200

300

400

500

600

700

800

분반	학과	학번	성명	확인

100

200

300

400

500

600

700

800